かんたんに極上の味わい
茅乃舎だしで毎日ごちそう
Kayanoya DASHI Recipe

八代恵美子 著

協力：久原本家 茅乃舎

Discover

Introduction

はじめに

　日本の食卓に欠かせない「だし」ですが、本当に美味しいだしをとるには良い材料をそろえ、手間をかけなければいけません。そのため、どうしてもハードルが高いと思われがち。でも、久原本家の「茅乃舎だし」はそのハードルの高い「だしをとる」ことを手軽にし、その上、料亭の味に匹敵する味わいを実現してくれます。

　料理の誌面の編集・執筆やフードスタイリングを手がける私が「茅乃舎だし」を使い始めて、かれこれ 10 年近く。仕事柄、いろいろな調味料に出会う機会が多いのですが、この「茅乃舎だし」は簡単に使えて味わいは極上、どんなものでも美味しくしてくれる救世主とあって、ずっとキッチンに常備しています。そして毎日のお料理に使われない日はないくらい、愛用しています。

　「だし」はカスタマイズが無限大の調味料。たとえば、煮出したものに好みの野菜や薬味をプラスしただけで最高に美味しいスープになります。煮物、炒め物なども、だしの旨味効果で素材本来の味わいが前面に押し出され、味のステージがいっきに上がるのです。そのため、少ない調味料で味が決まり、減塩効果でヘルシー、優しい味わいながらコクのあるお料理ができあがります。

　多めにとった「だし」を毎朝のお弁当の卵焼きや鶏そぼろに、あるいは野菜を炒めたり煮たりとフル活用。時間がないときは、だしの袋を破って取りだした粉末のだしを調味料として使ったり、だしがらをふりかけにアレンジしたりと残すことなく使いきることができるため、コストパフォーマンスも最高です。

　本書では、私が日頃つくりためた数百にもおよぶ「茅乃舎だし」レシピから、身近な材料で簡単につくれて毎日でも飽きずに食べたくなるものを厳選してご紹介しています。一つのレシピを、素材や薬味の組み合わせを変えることで違ったアレンジに広げていける「置きかえレシピ」という視点でもセレクトしました。ぜひ皆さんもご自分の好みの素材や味にアレンジしていってください。

　世界的な「和食」ブームの中、多くの外国の方々にも味噌スープだけではなく、「だし」の美味しさをもっと手軽に味わっていただきたくて、このレシピの中からベスト 15 を選び、英訳レシピを載せました。

　「だし」の美味しい輪がもっともっと広がり、毎日の「だしごはん」が楽しみになるきっかけになりますように。

八代恵美子

もくじ

はじめに 3
茅乃舎だしとは 7
ささっとできる絶品お吸い物＆
味噌汁6品 11

Part 1
いつものお料理
水をだしに替えるだけで
味がバージョンアップ 13

お母さんのカレー 15
京風カレーうどん 15
コク旨肉じゃが 17
ゆで鶏＆ゆで豚だし風味 19
バンバンジー風カプレーゼ 20
だし豚ゆずこしょうマヨ添え 21
だししゃぶしゃぶ 23
だし炊きこみご飯 25
和風ポテトチーズグラタン 26
だし巻き卵だしおろしあん 27
金目鯛の煮付け 28
小海老のだし天丼 29
「だしとき片栗粉」でとろとろあんかけ 30
あげだし豆腐 31
焼きぶりのゆずこしょうあんかけ 32
焼きししゃもの銀あんかけ 33
鶏からの甘酢あん 34
湯葉のあんかけご飯 35
和風カニ玉 36
五目あんかけご飯 37

Part 2
時短で常備菜
野菜がおいしい「だしマリネ」 39

だしに野菜をつけこむ「だしマリネ」 40
ダブル大根サラダ 46
パリパリお揚げと水菜のだしサラダ 44
春菊のごまだし和え 45
レモン風味ポテトサラダ 45
トマトの豆乳ごまだしそば 48
白菜の梅かつお巻き 50
根菜の白和え 51
ごろっと根菜きんぴら 52
じゃがいもとピーマンのだしきんぴら 53
大根ステーキ ニンニク風味 55
かんたんぶり大根 55
しっとり具だくさんおから煮 60
和風ジャーマンポテト 60
水菜の茶碗蒸し 61
にんじんしりしり 61
けんちん汁 66
がめ煮 66
なすとみょうがのごま味噌煮 67
高野豆腐と豆苗のさっと煮 67
牛鍋煮 72
小松菜と厚揚げの煮びたし 72
ごぼうのポタージュ 73
だしと相性ぴったりの薬味＆調味料 75

Part 3
袋を破って和えるだけ
絶品だしごはん　77

パセリたっぷりガーリックライス　80
生七味のだしペペロンチーノ　80
ふんわりキャベツお好み焼き　81
さっぱりだし焼きそば　81
キャベツと干しえび、春雨の炒めもの　86
鯛のだしじめ　86
きゅうりとちくわのだしごま油炒め　87
ねぎトロボキ丼　87
だし旨チーズピザ　90
だし香味ドレッシング　91
揚げづけ　92
ニラたっぷりチヂミ　93
だし醤油　94
絶品だしからあげ　95
めかじきのステーキ　96
豆腐のスパ結び風　97

Part 4
だしをとった後も捨てないで！
まだまだ美味しい
「だしがら」レシピ　99

お弁当レシピ　100
　（ごまだし鶏そぼろ、だし卵そぼろ、
　　だし入りミートボール、ゆずこしょうつくねの
　　れんこんはさみ、ごまだし鶏そぼろ）
ご飯のおともにだしがらをどうぞ　104
　（山椒じゃこ、だしがらふりかけ、
　　かりかり梅ひじき、香味だし味噌焼きおにぎり）
ピリ辛ツナご飯　106

梅七味だし茶漬け　107
鯛茶漬け　108
さんまのかば焼き炊き込みご飯　109
ウインナーとチンゲンサイのだし炒め　110
まぐろの甘辛煮　111
和風卵こんがりトースト　112
やわらかチキンカツ　113
高野豆腐と三つ葉の卵とじ　114
酸っぱ甘辛鶏手羽煮　115

Part 5
野菜の風味はすべて
「野菜だし」におまかせ！　116

だし入りミートソース　117
鶏のだしまぶしグリル　118
ベジタブルパンケーキ　119

Kayanoya's dashi recipe Top 15　120
お料理をさらに美味しくしてくれる
　茅乃舎の調味料　124
のせるだけで見栄えする器
　　HASAMI COLLECTION　128
伊都安蔵里　131
おわりに　132
茅乃舎店舗一覧　135

＊使用するオーブンレンジ・炊飯器などの電化製品や鍋
などの調理器具によって調理時間や仕上がり加減に
多少の誤差が出る場合があります。ご了承ください。

本格だしとしても
万能調味料としても使える
茅乃舎だしとは…。

茅乃舎だしをご存じですか？ 福岡県にある、知る人ぞ知る自然食レストラン「茅乃舎」。お店で出されるだしの美味しさに問い合わせが殺到したことがきっかけとなり、料理長が厳選した素材を家庭で使いやすいように配合し、だしパック形式にアレンジしたものです。材料はすべて国産。九州博多の定番だしである焼きあご（焼き飛び魚）をはじめ、かつお節、真昆布、うるめいわし、熊本県天草灘の海塩を使用しており、化学調味料・保存料は無添加です。これらを細かく砕いて詰めてあるので水から入れて沸騰後1〜2分煮出すだけという手軽さで料亭なみの味わい深いだしをとることができます。

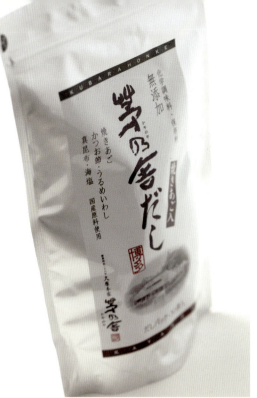

茅乃舎だし

旨味もコクも深い「家庭用の本格だし」として使えるだけでなく、袋を破り調味料として振りかけて使えば、小魚が骨まで丸ごととれ、カルシウムの補給に役立ちます。ほんのり下味がついているのでそのままでも美味しいけれど、お料理やお好みによって醤油、みりんなどで味をととのえて使いましょう。
一度味わったらそのコクのある旨味が美味しくてやめられないと若い女性から子育て中のママ、そしてご年配の方にまで、幅広い層に支持されている、大人気のだしです。

- ●茅乃舎だし 8g×5袋入（総量40g）¥386（税込）
- ●茅乃舎だし 8g×30袋入（総量240g）¥1944（税込）

野菜だし

安心の国産野菜5種（玉ねぎ、ニンニク、セロリ、にんじん、キャベツ）を使用。動物性原料は入っていません。煮出すだけで、野菜の甘さとコク、香りがあふれだします。刻んだ野菜が詰められているため、袋を破って使うと食感も味わえ、和洋を問わず毎日のレシピで大活躍。PART5でおすすめレシピを紹介します。

- ●野菜だし 8g×5袋入（総量40g）
　¥432（税込）
- ●野菜だし 8g×24袋入（総量192g）
　¥1944（税込）

※ 商品価格・容量は2015年2月現在のものです。

茅乃舎だしの使い方

2つのだし(基本だし・濃いだし)をお料理によって使いわけましょう。

基本だし

茅乃舎だし1袋に対して水400㎖(約カップ2杯)
水から入れ、沸騰したら1〜2分煮出してから袋を取り出します。
味噌汁、お吸い物、茶わん蒸し、そば、うどんなど基本はこのだしで何でも美味しくいただけます。

濃いだし

茅乃舎だし2袋に水500㎖(約カップ2杯半)
水から入れ、沸騰したら1〜2分煮出してから袋を取り出します。
煮物、めんつゆなど、濃いめのだしが美味しいお料理におすすめです。

※ とっただしはすぐに使うようにしてください。

ささっとできる絶品お吸い物＆味噌汁

a 沢煮碗
中途半端に余ったにんじん、大根、絹さや、タケノコ、豚肉などをだしでさっとゆでておくと朝の忙しいときの碗種やお弁当のおかずに便利です。お椀にせん切りにした具材を適量入れて、だし（基本だし）を注ぎ、醤油、塩少々で調味する

b 梅昆布のお吸い物
マグカップに練り梅ととろろ昆布を各適量入れて、アツアツのだし（基本だし）を注いで混ぜ合わせる

c もずくのサンラータン風
マグカップに市販の味付けもずくを1/2パック汁ごと入れ、ラー油をお好みで入れる。すりごま、塩・こしょう各少々、アツアツのだし（基本だし）を適量注いで混ぜ合わせ、万能ねぎを散らす。
時間がないときは、茅乃舎だしの袋を破って取り出した粉末を小さじ1、マグカップに入れ、味噌小さじ1を加えて熱湯を注いでも美味しい

d あおさの味噌汁
乾燥のあおさのりひとつまみをカップに入れて、味噌小さじ1、アツアツのだし（基本だし）を150cc注ぐ

e たっぷり海藻味噌汁
マグカップに茅乃舎海乃七草（詳細はp126）をたっぷり入れて、味噌小さじ1、アツアツのだし（基本だし）を150cc注いで混ぜ合わせる

f ベーコンの味噌チャウダー風
鍋にオリーブオイルを引き、ニンニクのスライス1かけ分、さいの目切りにしたにんじん、じゃがいも、ベーコン、玉ねぎを各適量入れて、だし（基本だし）、豆乳を2:1の割合で注いで根菜類が柔らかくなるまで煮て、味噌、塩・こしょう少々でお好みに味付けする

11

Part 1

いつものお料理
水をだしに
替えるだけで
味がバージョンアップ！

「だしをとって料理をする」のは、毎日だと手間がかかりすぎると思われがち。美味しいものは食べたくても忙しくて手をかけられないという人も多いでしょう。でも、この茅乃舎のだしパックを使えば簡単手間いらず。まずはいつものお料理で使う水をだしに置きかえてみませんか？ インスタント味噌汁に、お湯の代わりにだしを注ぐだけで、まったく変わってきます。お料理の旨味がいっきにアップして、そのコクのある味わいに感動すること間違いなしです！

トマトたっぷり！すっきりした後味。
だしが野菜の旨味を引き出して、
クセになるおいしさ。

だしがきいたスープも一滴残らず
飲み干したくなる味わい。

P14
お母さんのカレー
Mom's curry

●材料（4人分）
玉ねぎ（くし切り）…1個
にんじん（乱切り）…1本
じゃがいも（乱切り）…2個
豚こま肉（一口大にカット）…200g
トマト水煮缶…1/2缶
しょうが（すりおろし）…1かけ分
ニンニク（みじん切り）…お好みで
茅乃舎だし（基本だし）…700cc
カレールー…6片
ウスターソース…大さじ1

●つくり方
1. 鍋でしょうが（お好みでニンニクのみじん切りも）を炒めてから、玉ねぎ、肉を加えて軽く炒める
2. トマトの水煮、じゃがいも、にんじんを入れてだし700ccを注ぎ、中火にかけて、具が柔らかくなるまで煮る
3. 火を止めて、カレールー、ウスターソースを入れて再び火にかけ、とろみがついたら出来上がり

京風 カレーうどん
Kyoto-style curry and udon noodle

●材料（2人分）
鶏もも肉…1枚、油揚げ…1枚
青ねぎ…1/2本、稲庭うどん…2わ
茅乃舎だし（基本だし）…600cc
茅乃舎つゆ…大さじ1
（醤油、みりん各大さじ1/2でもOK）
カレールー…2片、生七味…適宜
だしとき片栗粉…だし（大さじ2）で片栗粉（大さじ2）をといたもの

●つくり方
1. 鍋で基本だし600ccをつくる
2. 火を止めて茅乃舎つゆ、カレールーを混ぜ合わせて再び中火にかけ、鶏肉、油揚げを入れて軽く煮たら、青ねぎを入れて煮る
3. だしとき片栗粉を2に入れ、全体にとろみがついたら、あらかじめゆでておいたうどんにかける。お好みで生七味をのせても美味

だし+だしパック、ダブルだし効果で
少量の調味料でも味が決まる
減塩肉じゃが。

コク旨肉じゃが
Full-bodied braised beef and potato

●材料（2人分）
豚ばら肉（一口大にカット）…200g
じゃがいも（四つ切り）…2個
玉ねぎ（くし切り）…1個
にんじん（乱切り）…小1本
しいたけ（くし切り）…4枚
いんげん（半分にカット）…5本
すりごま（白）…適宜
茅乃舎だし（基本だし）…200cc
茅乃舎つゆ…大さじ3
（もしくは酒大さじ1、砂糖大さじ1と1/2
醤油大さじ2と1/2　みりん大さじ1）
ごま油…大さじ1

●つくり方
1. 鍋にごま油をひいて火にかけ、豚肉を入れ、色が変わるまで炒める
2. 玉ねぎを入れて、軽く炒めたら、じゃがいも、にんじんを入れて炒める
3. 酒を入れて全体に絡めたら、だし200cc、つゆ（調味料）を注ぎ、落としぶたのかわりにだしをとった後のだしパックをのせて、具材が柔らかくなるまで煮る
4. 仕上がりに香りづけで醤油少々（分量外）を入れ、強火にして2分ほど煮たら出来上がり

肉にまぶした塩と鶏肉の
旨味がだしにしみ出し、
だしの旨味が肉に入り込んで、
美味しく仕上がります。

肉の臭みだけとって、
だしで煮ることで
そのまま食べても美味。
シンプルな味わいで応用自在！

ゆで鶏だし風味

Boiled chiken

●材料 (2人分)
鶏もも肉 (鶏むね肉でも OK) …1 枚
茅乃舎だし (基本だし) …400cc
酒…大さじ1
しょうが (スライス) …1 片
ねぎ (青い部分) …1 本分
塩…適量

●つくり方
1. 鶏もも肉に軽く塩をしておく
2. 鍋に茅乃舎だし1袋と水 400cc を入れて、火にかけ、沸騰したら1～2分煮出す
3. 1の鶏もも肉、ねぎ、しょうが、酒を2に入れて5分ほどゆで、そのまま冷まして出来上がり

ゆで豚だし風味

Boiled Pork

●材料 (2人分)
豚肩ロースかたまり…800g
茅乃舎だし (基本だし) …800cc
しょうが(半分にカットして包丁の背でつぶす)
… 中1かけ
ねぎ (青い部分) …1 本分
塩…少々

●つくり方
1. 豚肉を沸騰したお湯でサッと一度ゆでこぼす。その後、だし 800cc、しょうが、ねぎを入れた鍋に入れて煮る
2. ジップ付きの保存袋や保存容器にゆで汁ごと浸けて置き、カットして食べる

つけだしはねぎやしょうがのせん切りに塩こしょう少々だけで美味しいスープに。お好みの具をプラスして簡単スープを楽しめる

ゆで鶏のバンバンジー風カプレーゼ
Bang bang chicken caprese

ゆで鶏をいただく際は、ごま味噌だれにスイートチリを加えたピリ辛だれがおすすめ。中華麺のトッピングにゆで鶏をのせるバンバンジー麺は夏の定番メニューです。

ゆで豚のゆずこしょうマヨ添え
Pork with yuzu-pepper mayonnaise

ほろっと崩れるほど柔らかいゆで豚が絶品！ゆずこしょうとマヨネーズを混ぜ合わせたものを添えて、カットした水菜をあしらい、サラダ感覚でどうぞ。甘辛味で煮からめて角煮風にしたり、ステーキのように焼いてバルサミコソースで味付けしても美味しく味わえます。

だしとニンニクは最高の組み合わせ。
一度味わったらやめられません。

だししゃぶしゃぶ
Dashi shabu-shabu

● 材料 (2人分)
しゃぶしゃぶ用豚肉…300g
ほうれん草…1わ
ニンニク…6かけ
酒…300cc
茅乃舎だし(基本だし)…400cc
茅乃舎 和風だし塩…少々
生七味…適量
ごまだれ・ぽん酢(茅乃舎つぶぽん酢)…適量

● つくり方
1. 鍋に茅乃舎だし1袋、水400cc、だし塩、酒、ニンニクを入れて火にかける
2. 沸騰してきたら、豚肉を入れ、さっとくぐらせる
3. ほうれん草もさっとゆでたら、一緒にお好みのたれ(ごまだれやぽん酢など)や和風だし塩プラス生七味でいただく

しめは雑炊でもうどんでも合う。溶き卵やすりごまを少し足しても美味しい

しめの雑炊は
とろとろになったニンニクと
ふんわり卵がたまらなく美味。

だしの塩味がほんのりきいたご飯は、
佃煮や鮭フレークを混ぜるだけでごちそう一品に。

だし炊きこみご飯
Seasoned steamed rice

●材料 (2人分)
米…2合
薄口醤油・酒…各大さじ1
茅乃舎だし（基本だし）…360cc（鍋の場合は400cc）
塩…少々

●つくり方
1. 炊飯器に米、だし、醤油、酒、塩を入れて、混ぜ合わせて炊く（鍋でもOK）。しらす、じゃこ、きのこ、えのき、油揚げなどを加えて炊いても美味

そのままでも、炊きあがったご飯にしそ、みょうが、しょうがを混ぜ合わせ、焼いた鮭やアジをほぐしたものや鶏そぼろ等をトッピングしても美味しい

好みのトッピングをそろえて
おけば、これだけで主役ご飯に。

だしと豆乳の優しい味のコンビネーションが、ふんわりした里いもと相まって、ボリュームはあってももたれない一品。

和風ポテトチーズグラタン
Japanese potato and cheese bake

● 材料 (2人分)
里いも (皮をむき 1.5cm 厚にカット) …4個
ほうれん草 (ざく切り) …1/2 わ
ベーコン (短冊切り) …2 枚
玉ねぎ (スライス) …1/2 個
ニンニク (スライス) …1 かけ
バター・小麦粉…各 30g
A ┃ 茅乃舎だし (基本だし) …200cc
　 ┃ 豆乳…100cc
　 ┃ 味噌…小さじ 1
シュレッドチーズ…適量
塩・黒こしょう…適量

● つくり方
1. フライパンにオリーブオイルとニンニクを入れて火にかけ、香りが出てきたら里いもを入れてこんがり焼き、ベーコン、ほうれん草、玉ねぎも入れて、合わせて炒める
2. ホワイトソースをつくる。耐熱ボウルにバターと小麦粉を合わせて練り、電子レンジ (600W) に 30 秒かけ、A を合わせたものを半量入れてよくかき混ぜ、レンジに 1 分 30 秒かけて、取り出し再び混ぜる。残りの A を注ぎ、少しもったりした感じになるまで小刻みにレンジで加熱し混ぜる。塩・こしょうで味をととのえる
3. グラタン皿に 1 を入れ、2 をかけ、シュレッドチーズをのせてオーブン 220 度で表面がこんがりとした色になるまで焼く

だし巻き卵だしおろしあん
Japanese Omelette daikon radish sauce

●材料（2人分）
卵…大3個
茅乃舎だし（濃いだし）…大さじ3
砂糖… 大さじ1、醤油…小さじ1
塩…少々、大根おろし…1/3本分
茅乃舎だしがら…適宜（だしをとった後のだしがら）
銀あん用茅乃舎だし（濃いだし）…50cc
だしとき片栗粉…だし（大さじ1）で片栗粉（大さじ1）をといたもの

●つくり方
1. ボウルに卵を割り、濃いだし、砂糖、醤油、塩を入れて混ぜ合わせる
2. 卵焼き器を火にかけ、充分に温かくなったら、菜種油（分量外）をひいて1を注ぎ、中強火で焼く。表面がふつふつしてきたら手前から巻いていく
3. 再度1を注ぎ、2で巻いた卵焼きの下にまで行き渡らせ、2の要領で焼く。2、3を交互に繰り返し焼き上げる
4. あらかじめ用意しておいた銀あん用のだしのうち、大さじ1を片栗粉と混ぜ合わせておく。残りのだしを鍋に入れて火にかけ、沸騰してきたら火を止めて、だしとき片栗粉を入れて混ぜ合わせ、とろみをつける
5. 卵焼きを皿に盛り、4をかけて大根おろしにだしがらを混ぜ合わせたものをのせる

だしがらを混ぜた大根おろしと
アツアツのだし巻き卵は
最高のコンビネーション！
銀あんがなくても美味。

金目鯛の煮付け
Simmered alfonsino

● 材料（2人分）
金目鯛（かじき、赤魚など）の切り身…2切れ
茅乃舎だし（基本だし）…200cc
A ┃ 酒・砂糖・醤油…各大さじ2
　 ┃ みりん…大さじ1
　 ┃ しょうがの薄切り…数枚

● つくり方
1. 鍋にだし200ccとAを入れ、下処理をした魚を入れて、だしを煮出した後のだしパックと落としぶたをのせて強火にかける
2. 5分ほど煮たら火を止め、粗熱が取れるまでしばらくそのまま置いて味をしみ込ませ、盛りつける

水ではなく、だしで煮ることで、
少ない調味料でも味が決まります。

天ぷら衣をつくるとき、
水ではなくだしで溶いたら、
驚きの美味しさ!

小海老のだし天丼

Shrimp tempra bowl

● 材料 (2人分)
ブラックタイガー…6尾
大葉 (せん切り)…4枚分
天ぷら粉または小麦粉…60g
茅乃舎だし (基本だし)…100cc (冷やしたもの)
太白ごま油 (菜種油でも可)…適量
塩昆布…適量
ご飯…適量

● つくり方
1. ブラックタイガーのからをむき、背わたをとって、小麦粉 (分量外) を軽くまぶしておく
2. 天ぷら粉または小麦粉に冷やしだし200ccを入れて軽く混ぜ合わせる。粉が残っているくらいでOK
3. 鍋に太白ごま油を入れて火にかけ、衣を油に落としてみて、スッと上がってくれば揚げどき。1を2にくぐらせて、油に落としてカリッと揚げる
4. 茶碗にご飯をついで塩昆布をかけ、3を盛り、大葉をのせて出来上がり

むいたえびのからで煮こんだお味噌汁を添えても美味

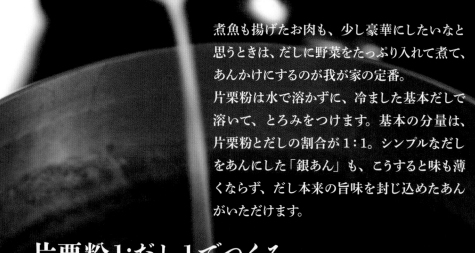

煮魚も揚げたお肉も、少し豪華にしたいなと思うときは、だしに野菜をたっぷり入れて煮て、あんかけにするのが我が家の定番。
片栗粉は水で溶かずに、冷ました基本だしで溶いて、とろみをつけます。基本の分量は、片栗粉とだしの割合が1：1。シンプルなだしをあんにした「銀あん」も、こうすると味も薄くならず、だし本来の旨味を封じ込めたあんがいただけます。

片栗粉1：だし1でつくる「だしとき片栗粉」でとろとろあんかけ

小麦粉にだしの粉末を混ぜて
まぶし焼いた豆腐と
だしのきいたあんかけ。
だしの旨味がダブルで味わえます。

あげだし豆腐
Deep-fried tofu

●材料（2人分）
木綿豆腐（水切りして8等分）…1丁
小麦粉…大さじ2
茅乃舎だし…1袋（袋を破って取り出した粉末）
太白ごま油…適宜
長ねぎ（斜めに薄切り）…適宜
茅乃舎だし（基本だし）…250cc
A ｜ 砂糖・醤油・みりん…各大さじ1
大根おろし…適量
だしとき片栗粉…だし（大さじ2）で片栗粉（大さじ2）をといたもの

●つくり方
1. 水切りして好みの大きさにカットした豆腐に小麦粉とだしの粉末を混ぜ合わせたものをまぶしつける。フライパンを火にかけ、太白ごま油をひき、豆腐の全面を転がしながら焼き上げる
2. 鍋にだしを入れて火にかけ、Aを入れて混ぜ、しっかり沸かしたら、だしとき片栗粉を注ぎ、とろみをつける
3. 1を皿に盛り、大根おろしと水にさらしておいた長ねぎをたっぷりのせて2をかける

焼きぶりのゆずこしょうあんかけ
Grilled yellowtail with yuzu-pepper sauce

●材料（2人分）
- ぶりの切り身…2切れ
- 煎り酒または塩…少々
- にんじん（千切り）…1/4本分
- しいたけ（千切り）…2個分
- きぬさや（千切り）…4個分
- 白髪ねぎ…1/4本分
- 茅乃舎だし（濃いだし）…400cc
- 酒・醤油・みりん・砂糖…各大さじ1.5
- ゆずこしょう…小さじ1〜適量
- だしとき片栗粉…だし（大さじ2）で片栗粉（大さじ2）をといたもの

●つくり方
1. ぶりに煎り酒または塩を振りかけて数分おき、キッチンペーパーで軽く水気をふいてフライパンで両面こんがりと焼く
2. 鍋に濃いだし400ccを入れ、火にかけて酒、醤油、みりん、砂糖、ゆずこしょうを加え、その中ににんじん、しいたけ、きぬさやを入れて、しばらく煮て火を止める。だしとき片栗粉を入れてかき混ぜ、再び火をつけ、かき混ぜながらとろみをつける
3. 皿に1を盛りつけ、2をかけ、白髪ねぎをたっぷりのせる

ゆずこしょうがきいたうすだしあん。
簡単なのに、料亭のような味わい深い仕上がりに。

焼きししゃもの銀あんかけ
Grilled smelt with light-flavored sauce

● 材料(2人分)
ししゃも…1パック
きのこ（しめじ、えのきなど）…各ひとつかみ程度
オクラ（5ミリ幅のスライス）…2本
茅乃舎だし（濃いだし）…200cc
薄口醤油・みりん…各小さじ1/2
だしとき片栗粉…だし（大さじ2）で片栗粉（大さじ2）をといたもの
梅七味…適宜

● つくり方
1. 鍋に水200ccとだし1袋を入れて火にかけ、沸いてきたら薄口醤油とみりんを入れて混ぜ、きのこ、オクラを入れてさっと煮て、だしとき片栗粉を混ぜてとろみをつける
2. 1をつくっている間に、ししゃもを焼いて皿に盛る
3. 2に1をかけ、お好みで梅七味を添える

だしに薄口醤油とみりんで味付けした
上品な味わいのあん。
だしの旨味にししゃもの苦味が
アクセントになってなんとも合います。

甘酢あんの材料は
すべて混ぜ合わせておき、
炒めた具材に混ぜると
簡単にできて、だまになりません。

鶏からの甘酢あん
Fried chicken with sweet and sour sauce

● 材料（2人分）
鶏もも肉（から揚げ用）…大2枚
玉ねぎ（スライス）…1個分
茅乃舎だし（基本だし）…200cc
A ┃ しょうが（おろしておく）…適量
　 ┃ 酒…大さじ1強
　 ┃ 塩・こしょう…各少々
片栗粉…適量
B ┃ 醤油・酢…各大さじ2
　 ┃ 砂糖・みりん・片栗粉…各大さじ1

● つくり方
1. から揚げをつくる。鶏肉にAを混ぜ、片栗粉をまぶして菜種油（分量外）で揚げる
2. 甘酢あんの調味料Bとだし200ccはあらかじめ混ぜ合わせておく
3. 鍋に菜種油（分量外）をひき玉ねぎを炒め、2を注ぎ、混ぜ合わせてとろみをつける
4. 1に3をかけて出来上がり

お好みで七味やゆずこしょう等をプラスして。

だしのきいた銀あんに
カニ風味が絶妙な組み合わせ。

湯葉のあんかけご飯
Steamed rice with yuba tofu skin sauce

● 材料(2人分)
湯葉…1パック、カニ缶…1/2缶
三つ葉…3本
しょうが(すりおろし)…適宜
茅乃舎だし(濃いだし)…700cc
A │ 砂糖…小さじ1弱
　│ 薄口醤油・酒・みりん…各大さじ2
だしとき片栗粉…だし(大さじ2)で片栗粉(大さじ2)をといたもの
つきごま…適宜

● つくり方
1. 鍋に濃いだしを700ccつくる
2. 1にAを合わせ、しょうが、湯葉、軽く水気を切ったカニを入れて煮る。沸いてきたら火を止め、だしとき片栗粉を注いでかき混ぜ、再び弱火にかけ、とろみをつける
3. 器にご飯を盛り、2をのせ、つきごま、三ツ葉を散らす

雑穀米で食べると美味。お好みでわさびや
高菜を刻んで入れても美味しい

和風カニ玉
Japanese crab omelette

- ●材料 (2人分)
- 卵…中3個、ねぎ(斜め薄切り)…1/2本
- 干ししいたけ(戻してスライス)…1枚
- カニ缶…1/2缶(またはカニかまぼこ2本)
- 茅乃舎だし…少々(袋を破って取り出した粉末)
- 酒・ごま油…各大さじ1
- A
  - 茅乃舎だし(基本だし)…100cc
  - 醤油・いちごジャム…各大さじ1/2
  - ケチャップ…大さじ1と1/2
  - レモン汁…大さじ1/2
- 片栗粉…大さじ1/2

●つくり方
1. ボウルに卵、ねぎ、干ししいたけ、軽くほぐしたカニを入れてかき混ぜ、粉末のだし、酒を加え混ぜる
2. フライパンを熱し、ごま油を入れて、1を一気に流し込む
3. 強火で、素早くかき混ぜながら、鍋肌から中心にまとめ、表面がフツフツしはじめたら半熟状態で形を整える。裏返して10秒ぐらいしたら皿に移す
4. Aをよく混ぜ合わせ、最後に片栗粉を入れ、よく混ぜる。火を止めたフライパンに入れて、中火にかけて混ぜ合わせながらとろみをつける
5. 4を3にかけて出来上がり

ジャムとレモン汁を使うことでまろやかで
コクのある甘酸っぱさに。
酢が苦手な方にも大好評の裏ワザ。

五目あんかけご飯
Steamed rice with mixed vegetable sauce

●材料（2人分）
豚こま切れ肉…150g
なめこ…1/2 パック
小松菜（ざく切り）…1/2 わ
厚揚げ（角切り）…小1個
にんじん（いちょう切り、レンジで加熱）…1/2本
玉ねぎ（スライス）…小1個
ウズラの卵…2個、ごま油…大さじ1
茅乃舎だし（基本だし）…400cc
A ｜ 醤油・酒・砂糖…各大さじ1
　｜ みりん…大さじ3
　｜ しょうが…適量
だしとき片栗粉…だし（大さじ2）で片栗粉（大さじ2）をといたもの
ご飯…適量

●つくり方
1. 鍋にごま油（分量外）をひき、玉ねぎをよく炒めてから、豚肉を入れて炒める。その中に小松菜、なめこ、厚揚げ、レンジで加熱しておいたにんじん、ゆでたウズラの卵を入れて、だし400ccとAを入れて数分煮る
2. 火を止めてだしとき片栗粉をまわしかけ、混ぜ合わせて、再び火にかけてとろみをつける。ご飯にかけて出来上がり

しょうががアクセントとなり、
さっぱり後味が最高。根菜類を
レンジで加熱しておくと時短でつくれます。

Part 2
時短で常備菜 野菜がおいしい 「だしマリネ」

あるとき、だしのしみ込んだ野菜が美味しいことに気づきました。それ以来、葉物も根菜もだしでゆでたりひたしたりすることにはまって、いつも何かしら冷蔵庫にストックするようになりました。この「だしマリネ」、夜遅く帰ってきても、忙しいときでも、ちょっと味を加えたり、素材をプラスするだけで短時間に1、2品、パパッと完成しちゃうおかずの素なのです！野菜の旨味を取り込んでさらに美味しくなっただし汁もお料理に使えて、応用自在。余った野菜や多く切りすぎてしまった煮物の野菜も美味しくストックできて、ムダにすることがなくなりました。

だしに野菜をつけこむ「だしマリネ」
時短で深い味わいの究極の常備菜

「だしマリネ」はお料理に応じて下ごしらえしてください。和え物にしたりドレッシングをかけてそのまま食べられるようにするなら、野菜をお好みのやわらかさに仕上げましょう。

あとから調理に使うことが多ければ、野菜は大きめにカットして、少々かために仕上げ、あとで刻んだりできるようにしておくと便利です。

保存は清潔な容器に入れて、余熱をしっかりとり、冷蔵庫で葉物は翌日、根菜類は3日くらいを目安に使いましょう。あくまでも目安なので、なるべく早めに使うことをおすすめします。

葉物野菜はアツアツだしにひたす

アクのない葉物野菜はそのまま熱いだしにひたします。生に近いシャキシャキ感を生かしたお料理に使うなら、全体をひたしてから、しんなりならない程度でざるに上げて。おひたしや和え物には、この状態で粗熱をとり味付けを。残っただしはスープや煮物に使えます。だしマリネに使っただし汁には野菜の風味がうつって美味しくなっているので、薬味や塩・こしょうを加えれば、それだけで極上スープが完成。

根菜はゆでるか、レンジで加熱してだしにひたす

根菜は下ゆでもかねてだしで煮るか、ゆでてそのまま放置して粗熱をとるか、電子レンジ（600W）で2～3分を目安に加熱したものをアツアツのだしに浸して。根菜は芯が残る程度に加熱して仕上げても、余熱とだしの熱が入るので固めに仕上げたほうがベター。（レンジの加熱時間は、レンジの機種、加熱する野菜やそのカットの大きさや量によっても多少の差が出ることがあります。ご了承ください）

だしの粉を野菜にまぶす

大根やにんじんなど根菜も、シャキシャキ感を味わいたいときもありますね。そんなときはせん切りや薄切りにして、だしの袋を破って取り出しただしの粉末をまぶして。シャキシャキ感はそのままに、だしの旨味で美味しくたくさん食べられます。そのまま時間をおけば、浅漬けっぽく仕上がるので酢を少々かけるのもおすすめです。キャベツや水菜、かぶなども美味。季節の旬の野菜を生で食べるのが楽しくなります。

ダブル大根サラダ
Daikon radish and radish sprout salad

袋を破って取り出しただしの粉末を、
かつお節をまぶす感覚で使った一品。

パリパリお揚げと水菜のだしサラダ
Deep fried tofu and mizuna salad

だしのきいた、まろやかな味わいの
水菜が美味。
ごま油でカリカリに焼きあげた
じゃこをかけても合います。

P42
ダブル大根サラダ
Daikon radish and radish sprout salad

● 材料（2人分）
大根（せん切り）…小 1/4 本
茅乃舎だし（袋を破って取り出した粉末）…1 袋
貝割れ大根（根をカットしておく）…1/2 パック
ぽん酢（またはゆず、かぼすの絞り汁）…適量

● つくり方
1. 大根にだしの粉末を和える
2. 1 を貝割れ大根と混ぜ合わせて皿に盛りつけ、ぽん酢をかける。あるいはゆずやかぼすを絞る

さんまとマヨネーズや生七味を和えても美味

P43
パリパリお揚げと水菜のだしサラダ
Deep fried tofu and mizuna salad

● 材料（2人分）
水菜…1 わ
油揚げ…1 枚
茅乃舎だし（基本だし）…400cc
醤油（ポン酢でも可）…少々

● つくり方
1. 水菜のだしマリネ用に鍋に基本だし 400cc をつくる（お好みで塩少々入れて混ぜる）
2. 1 に水菜を入れて、ひたす
3. 食べる分だけ取り出し、軽く絞って、食べやすい大きさにカットする
4. オーブントースター（またはフライパン）で表裏をパリッと焼いた油揚げを短冊にカットして、3 と醤油少々と軽く混ぜ合わせて皿に盛る

袋を破って取り出しただしの粉末を生の水菜に和えても美味しい

P46
春菊のごまだし和え
Garland chrysanthemum with sesame sauce

●材料（2人分）
春菊…1わ
茅乃舎だし…300cc（水 300cc にだし 1 袋）
醤油…小さじ 1/2
すりごま（黒・白）… 各大さじ 1
みりん…少々（お好みで）

●つくり方
1. 春菊のだしマリネ用に鍋にだし 1 袋と水 300cc を入れて火にかけ、沸騰してから 1 〜 2 分ほど煮出す
2. 1に春菊を入れて、火を止め、軽くひたす
3. 粗熱をとった 2 を軽く絞って、食べやすい大きさにカットしてボウルに入れる。その中に醤油、すりごま、お好みでみりんを加えて全体に混ぜ合わせる

P47
レモン風味ポテトサラダ
Lemon-flavored potato salad

●材料（2人分）
だしマリネのだし…150cc
塩…少々
だしマリネしたじゃがいも…大 2 個
ベーコン（カリカリに焼き、あら刻み）…2 枚分
ゆで卵（あら刻み）…2 個分
マヨネーズ…大さじ 4
レモン汁…小さじ 1
ブラックペッパー…少々

●つくり方
1. だしマリネ（基本だしにひたした）したじゃがいもを 2 個分取り出す
2. 鍋にだしマリネのだし 150cc を入れて火にかけ、沸騰したら塩少々と 1 を加えて 1 〜 2 分ゆでる
3. じゃがいもが柔らかくなったら、鍋の中であらくつぶしながら水分を飛ばす
4. 3に刻んだゆで卵、ベーコンを入れ、マヨネーズ、レモン汁、ブラックペッパーを加えて全体に混ぜ合わせる

春菊のごまだし和え
Garland chrysanthemum with sesame sauce

ごまとほんの少しのお醬油だけで
味付けが完成。
白ごまと黒ごま、2種のすりごまで
味わいがアップ。

レモン風味ポテトサラダ
Lemon-flavored potato salad

だしがきいたじゃがいもを
使うことでマヨネーズを
たくさん使わずとも美味。
後味サッパリのヘルシーポテサラ。

トマトの豆乳ごまだしそば
Soba noodle with soy milk-based tomato soup

● 材料 (2人分)
茅乃舎だし(濃いだし)…400cc
ミニトマト(湯むきしておく)…1パック
塩…少々
そば…2わ
市販のめんつゆ(2倍濃縮)・豆乳…各100cc
ごまドレッシング(ねりごまでも可)…大さじ2
すりごま(白)…たっぷり
みょうが(せん切り)…1個
大葉(せん切り)…3枚分

● つくり方
1. ミニトマトのだしマリネ用に、鍋に濃いだし400ccをつくり、塩を入れる。湯むきしたミニトマトを熱いだしに漬け、そのまま冷まし、冷蔵庫でストックする
2. 豆乳とめんつゆ、ごまドレッシング、すりごまをボウルに入れ、よく混ぜ合わせておく
3. そばをゆで、流水で洗ったものを皿に盛り、すりごまをかけ、みょうが、大葉を添える。だしマリネしたミニトマトを2の豆乳ごまだれに入れる
4. 豆乳ごまだれの中でトマトをつぶして薬味をからめたそばをつけていただく

トマトは豆乳ごまだれの中で
つぶして混ぜていただきます。

白菜の梅かつお巻き
Chinese cabbage and bonito roll

● 材料（2人分）
茅乃舎だし（基本だし）…200cc
白菜（下部の芯をカット）…2枚
練り梅…大さじ3
かつおぶし…大さじ1
薄口醤油・塩…各少々

● つくり方
1. 鍋に基本だし200ccを沸かし、火を止めて薄口醤油と塩で味付けする
2. 白菜を1に浸し、しばらく置く
3. 食べるときに2を取り出し、軽くだしを絞り、練り梅とかつおぶしを混ぜ合わせたものを広げた白菜の手前にのせて、のせた部分から、細く巻いていく
4. 食べやすい大きさにカットして盛りつける

だしのしみた白菜なら
明太子やクリームチーズなど
何を巻いても美味しい。

冷蔵庫にストックしてある
だしマリネ野菜を
お好みでちゃちゃっと和えるだけ。

根菜の白和え
Root vegetables with white sauce

● 材料（2人分）
だしマリネしたにんじん、ごぼう、
れんこん（各せん切り）…各ひとつかみ程度
だしマリネしたいんげん（斜め切り）…2本
こんにゃく（細かくせん切りに）…小1/2個分
くるみ（刻んでおく）…適量

A ┃ 絹ごし豆腐…1/2丁（キッチンペーパーで
　 ┃ 包み、そのままレンジで2分ほど加熱し
　 ┃ て水切りする）
　 ┃ だしマリネのだし…大さじ1と1/2
　 ┃ すりごま…大さじ1
　 ┃ 味噌・砂糖…各小さじ1

● つくり方
1. ボウルにだしマリネしたにんじん、ごぼう、れんこん、こんにゃくを入れて、全体に混ぜ合わせる
2. Aとくるみ、をすり鉢に入れてすりこぎで混ぜ、そこに1とだしマリネしたいんげんを混ぜ合わせる

ごろっと根菜きんぴら
Braised root vegetables

だしの風味がしみわたった根菜は、
ちょっと味付けするだけで
味わい深いきんぴらに。

じゃがいもとピーマンのだしきんぴら
Braised potato and green pepper

ゆずこしょう、七味、山椒など
お好みの辛味を添えると
お酒も進むおつまみに。

P52
ごろっと根菜きんぴら
Braised root vegetables

●材料（2人分）
だしマリネしたにんじん、ごぼう（各乱切り）
…各1/3本分
だしマリネしたかぼちゃ（乱切り）、れんこん（1cm厚）…各1/4個分
だしマリネのだし…50cc
ごま油…大さじ1
酒・砂糖…各大さじ1/2
醤油・みりん…各大さじ1
いりごま（白）…適量

●つくり方
1. だしマリネした根菜類を食べる分だけ取り出し、適当な大きさにカットする
2. フライパンにごま油をひき、根菜を入れて炒める
3. 2に酒を入れ、だし、砂糖を入れて全体にからめて炒め、醤油を入れて混ぜ合わせる。仕上げにみりんを加えて強火で水分を飛ばす
4. いりごまを全体に混ぜ合わせる

お好みで七味唐辛子をかけても美味

P53
じゃがいもとピーマンの だしきんぴら
Braised potato and green pepper

●材料（2人分）
だしマリネしたじゃがいも（せん切り）…中2個分
だしマリネしたピーマン（せん切り）…3個分
ごま油…大さじ1
だしマリネのだし…50cc
酒…大さじ1
砂糖…大さじ1/2
醤油・みりん…各大さじ1
ゆずこしょう…適宜

●つくり方
1. フライパンにごま油を引いてあたため、だしマリネしたじゃがいもとピーマンを炒めて、酒、だし、砂糖を入れて軽く全体に炒めからめる。
2. さらに醤油を加えてからめ、みりんを入れて強火で水分を飛ばしたら火を止めて出来上がり
3. 好みでゆずこしょうを添える

ごま油の代わりにバターで炒め、昆布茶を和えても美味しい。じゃがいもは固めにだしマリネした方がよい

P56
大根ステーキ　ニンニク風味
Grilled daikon radish

●材料（2人分）
だしマリネした大根（1.5cm厚）…2個
ニンニク（スライス）…2かけ
醤油・みりん…各大さじ1
ごま油…大さじ1
大葉…2枚

●つくり方
1. フライパンにごま油をひき、ニンニクを入れて中火にかけ、炒めながら香りを出す。ニンニクが薄いきつね色に焼けたら取り出しておく
2. だしマリネした大根を軽く水気をキッチンペーパーでおさえて、1のフライパンに入れ、両面をこんがり焼きつける
3. 醤油とみりんを混ぜ合わせたものを2に加え、大根全体にからめる
4. 皿に大葉をしき、3を盛り、1で取り出しておいたニンニクをのせる

P57
かんたんぶり大根
Amberjack and daikon radish

●材料（2人分）
だしマリネした大根（1.5cm厚）…4個
ぶりの切り身（半分に切る）…2切れ
だしマリネのだし…200cc
砂糖…大さじ1
醤油・みりん…各大さじ2
しょうが（せん切り）…小1かけ

●つくり方
1. フライパンを熱し、軽く塩（分量外）をしたぶりの切り身を両面軽く焼く
2. 1にだし、砂糖、醤油、みりん、しょうがを入れ、だしマリネした大根を加えて中火で煮汁が鍋下に浸るぐらいになるまで煮る

55

大根ステーキ ニンニク風味
Grilled daikon radish

だしのしみた大根は焼いても絶品!
ニンニクと醤油の香ばしい風味に
箸が止まりません。

かんたんぶり大根

Amberjack and daikon radish

大根にだしがきいているので、
煮込み時間、調味料も少なくすみ、
しっかり味のしみたぶり大根ができます。

しっとり具だくさんおから煮
Braised okara soy pulp

仕上げに揚げ玉を加えると、
冷めてもしっとり仕上がります。

和風ジャーマンポテト
Japanese bacon and potato

バター醬油の香ばしい風味が食欲をそそる一皿。
だしの効果で粒マスタードの辛みがまろやかに。

P58
しっとり具だくさんおから煮
Braised okara soy pulp

●材料（2人分）
おから…150g
だしマリネしたにんじん、ごぼう（各千切り）、いんげん（2cm幅にカット）…各適量（30g程度）
あさり水煮…小1缶
しいたけ（スライス）…2枚
ちくわ（5mm幅にスライス）…1本
こんにゃく（千切り）…1/2枚
万能ねぎ（小口切り）…3本
あげ玉…大さじ1～2
茅乃舎だし（基本だし）…150cc

A ┃ 酒…大さじ2
　┃ 砂糖…大さじ1と1/2
　┃ 醤油……大さじ1～2
　┃ みりん…大さじ1

●つくり方
1. 鍋に油（分量外）をひき、だしマリネしたにんじんとごぼう、いんげん、あさり水煮、しいたけ、ちくわ、こんにゃくを炒める
2. 1におからを加え混ぜ、炒める
3. 2にだし150ccとAを加え、煮汁がなくなるまで練りながら煮つめる
4. 仕上げに万能ねぎ、揚げ玉を入れて混ぜ合わせて出来上がり

P59
和風ジャーマンポテト
Japanese bacon and potato

●材料（2人分）
だしマリネしたじゃがいも（1cm厚にカット）…3個分
だしマリネしたスナップえんどう…6個
玉ねぎ（スライス）…小1個分
ベーコン（またはウインナー）…4枚
ニンニク（スライス）…1かけ
バター…10g
茅乃舎だし（基本だし）…50cc
醤油…小さじ1
粗挽きこしょう…少々
粒マスタード・青のり…適宜

●つくり方
1. フライパンにバター、ニンニクを入れて、中火にかける
2. 1に玉ねぎを入れて炒め、ベーコンを加えてよく炒めたら、だしマリネしたじゃがいも、スナップえんどうを加えて、だしを入れて炒めながら煮る
3. 醤油をかけて、全体にからめ、仕上げにこしょうをふって出来上がり。粒マスタードや青のりを加えても美味しい

P62
水菜の茶碗蒸し
Egg custard and mizuna

● 材料（2人分）
だしマリネした水菜（5cm 幅にカット）…適量
えび（下ゆでしておく）…2 尾
かまぼこ…2 切れ
卵…1 個
茅乃舎だし（基本だし）…200cc
醤油…小さじ 1
塩…少々

● つくり方
1. あらかじめつくって冷ましておいた基本だし 200cc に溶き卵を入れ、かき混ぜる。このとき、あまり泡立てないようにする
2. 1 をこし器に通す
3. 2 に醤油、塩を足して味付けする。ここでも泡立てない
4. 茶碗蒸しの器にだしマリネした水菜、えび、かまぼこを入れて、3 を流し込む。最後に表面の気泡をスプーンでていねいに取る
5. 蒸し器に水をはり、強火にかける。蒸気が上がったら 4 を並べてふたをし、5 分間そのままにする。その後、火を中弱火にして 5 分ほどかける。竹串でさしてみて、澄んだだしが出てくれば OK

P63
にんじんしりしり
Strip-cut carrot

● 材料（2人分）
だしマリネしたにんじん（せん切り）…小 1 本
ツナ缶…小 1 缶（油は大さじ 1）
卵…1 個
白ごま…適宜
茅乃舎だし（基本だし）…50cc
醤油…小さじ 1

● つくり方
1. フライパンにツナ缶の油（大さじ 1）だけ入れて、火にかけ、ツナとだしマリネしたにんじんを入れて炒める
2. にんじんがしんなりしたら、だしと醤油を加え、炒め混ぜる
3. 溶き卵を回し入れて炒め混ぜ、卵がばらばらになったら、白ごまをたっぷりかけて出来上がり

61

水菜の茶碗蒸し
Egg custard and mizuna

お手軽なのに料亭のような
本格的な味わいの茶碗蒸し。

にんじんしりしり
Strip-cut carrot

ツナ缶の油も使って、だしに旨味を
プラス！にんじん嫌いの子どもでも
パクパク食べてくれる人気メニュー。

けんちん汁
Tofu and vegetable chowder

だしと野菜をそのまま調理できる一品。
厚揚げを入れると、ボリュームがアップして
ご飯のおかずにもなります。

がめ煮
Simmered chicken and vegetables

福岡を代表する郷土料理の一つ。
だしマリネした野菜が中途半端に残ったら、
サッとつくれる便利な時短煮物です。

P64
けんちん汁
Tofu and vegetable chowder

●材料（2人分）
だしマリネした大根、にんじん、ごぼう、
白菜など…各適量
厚揚げ（一口大の角切り）…1枚
あさつき（小口切り）…適量
だしマリネのだし…450cc
A ┃ 酒…大さじ1
　 ┃ みりん…大さじ1/4
　 ┃ 薄口醤油…大さじ1と1/2
　 ┃ （普通の醤油なら大さじ1）
　 ┃ 塩…小さじ1/2
　 ┃ ごま油…少々

●つくり方
1. 鍋にだしマリネのだしと野菜類（だしマリネしたもの）を入れて火にかける
2. 沸騰してきたら厚揚げを入れ、Aで味付けする
3. 2を器に盛り、あさつきをちらし、お好みで仕上げにごま油を少々かけて出来上がり

お好みでゆずこしょうや生七味を添えて。だしマリネのだしが足りなければ新しく煮出しただしを加えてつくってもOK

P65
がめ煮
Simmered chicken and vegetables

●材料（2人分）
鶏もも肉（一口大にカット）…大1/2枚
里いも（半分にカット）…2個
だしマリネしたれんこん（輪切り）、にんじん、
ごぼう（乱切り）…各適量（各1/2本程度）
生しいたけ（いちょう切り）…2枚
さやいんげん（レンジで加熱1分、
3センチ幅にカット）…6本
こんにゃく（手で小さくちぎる）…1/2丁
だしマリネのだし…150cc
砂糖…大さじ1と1/2
みりん…大さじ2/3
醤油…大さじ2

●つくり方
1. フライパンに油（分量外）をひいて鶏もも肉を炒め、色が変わったら、だしマリネしたれんこん、にんじん、ごぼう、こんにゃく、しいたけを入れて炒める
2. だし、砂糖、みりんを入れて煮立たせ、アクをとり、落としぶたをして中火で2〜3分ほど煮る
3. 2に醤油を加えて落としぶたをしてさらに2〜3分煮たら、落としぶたを取って煮詰める。仕上げにさやいんげんを入れ、さっと煮からめる

P68
なすとみょうがのごま味噌煮
Simmered eggplant and Japanese ginger

●材料（2人分）
だしマリネしたなす
（1センチ幅の輪切り）…4本
みょうが（縦半分にカット）…3個
大葉（せん切り）…3枚分
茅乃舎だし（基本だし）…200cc
ねりごま…大さじ1
すりごま…適量
味噌…大さじ1と1/2
ごま油…大さじ1

●つくり方
1. 鍋にごま油をひき、だしマリネしたなす、みょうがを炒めてだし200ccを加える
2. 1にねりごま、すりごま、味噌を足して中火で煮る
3. 強火で水気を飛ばし、煮切って出来上がり

P69
高野豆腐と豆苗のさっと煮
Simmered-freeze-dried tofu and pea sprout

●材料（2人分）
高野豆腐（お湯で戻しておく）…3個
だしマリネした豆苗…適量（30gぐらい）
茅乃舎だし（基本だし）…200cc
薄口醤油…小さじ2
みりん・砂糖…各大さじ1

●つくり方
1. 鍋にだし200ccを入れて火にかけ、醤油、みりん、砂糖を加える。水気を絞って食べやすい大きさにカットした高野豆腐を入れて、中火で5〜10分煮る
2. 1にだしマリネした豆苗を加えて火を止め、10〜20分ほど置いて味をなじませる

なすとみょうがのごま味噌煮
Simmered eggplant and Japanese ginger

だしの風味とみょうが&大葉の香味が
ごま味噌の香ばしさと相まって深い味わいに。

高野豆腐と豆苗のさっと煮
Simmered freeze-dried tofu and pea sprout

高野豆腐を煮ただしに
豆苗を加えるだけの簡単煮物。

小松菜と厚揚げの煮びたし
Simmered mustard spinach and deep fried tofu

厚揚げと葉物をさっと煮て、
あとはひたしておくだけの
簡単煮物。

牛鍋煮
Sukiyaki

だしの効果で甘辛加減が
柔らかな味わいに仕上がります。

P70
小松菜と厚揚げの煮びたし
Simmered mustard spinach and deep fried tofe

●材料（2人分）
だしマリネした小松菜…1/2 束
厚揚げ（さっと油抜きして角切り）…大1枚
茅乃舎だし（濃いだし）…200cc
薄口醤油・みりん…各大さじ1と1/2
（お好みで砂糖を小さじ1/2〜1）

●つくり方
1. 鍋に、だし200ccを入れて火にかけ、薄口醤油・みりんを加えて、沸いてきたら厚揚げを入れて2、3分煮る
2. だしマリネした小松菜を3センチ幅ぐらいにカットして、1に入れてサッとひと煮立ちさせて火を止め、しばらくひたして出来上がり

P71
牛鍋煮
Sukiyaki

●材料（2人分）
牛肉… 200g
しらたき（食べやすい長さにカット）…1/2 束
だしマリネした春菊…1/2 束
だしマリネしたしいたけ…2 個
焼き豆腐…1/2 丁
長ねぎ…1/2 本
卵（溶いておく）…2 個
茅乃舎だし（基本だし）…200cc
A ｜ 酒、砂糖、みりん…各大さじ2
　｜ 醤油…大さじ3

●つくり方
1. 鍋にだしとAを入れて火にかけ、牛肉を加えてアクを取る
2. 焼き豆腐、長ねぎ、しらたき、しいたけ、春菊を入れ、3〜5分ほど煮る
3. 溶き卵につけていただく

ごぼうのポタージュ

Burdock stew

●材料（2人分）
だしマリネしたごぼう…1/2 本分
玉ねぎ（スライス）…小1個分、バター…5g
茅乃舎だし（基本だし）…200cc
塩・こしょう…各適量
豆乳…100cc、オリーブオイル…適宜

●つくり方
1. 鍋にバターを入れて、ごぼうと玉ねぎを炒め、だし200ccを注いで煮る
2. あら熱がとれたらフードプロセッサー（またはミキサー）で撹拌する
3. 2に豆乳を入れて再び火にかけ、塩・こしょうで味付けする。

食べる直前にオリーブオイルをひとたらしして

豆乳ベースなのでクリーミーながら
さっぱりした味わい。
オリーブオイルをたらして召し上がれ。

74

だしと相性ぴったりの薬味＆調味料
知っているとアレンジ自由自在です

だし＆ニンニクなどの香味野菜、トマト

しょうが、大葉、ねぎ、みょうが、ニンニクなどの香味野菜、そしてトマト。香味野菜は刻んで散らすだけで、だしの風味がいっきに増して、それだけで立派な一品になります。中でも、だしとニンニクは最高の組み合わせ。鍋のしめにいただくとろとろニンニクの雑炊は、我が家の定番です。それから、意外にもだしとトマトの組み合わせも絶品。大きなトマトもミニトマトも熱湯で湯むきをし、アツアツのだしにひたして粗熱が取れたら、そのまま冷蔵庫でストックしておきましょう。つぶしてスープのベースにしたり、だしごとお味噌汁にしたり、カレーやシチューに使っても旨味アップ。夏には、薄口醤油と塩少々で味付けしただしに、ミニトマトの湯むきをひたして冷蔵庫へ。冷やしてそのままいただける常備菜です。

だし＆乳製品

乳製品も好相性！とくにチーズとだしの組み合わせはチーズの味わいをまろやかにし、旨味をアップしてくれるので、ちょっとコクが欲しいときにプラスして使います。ピザチーズにだしの粉を加えたり、粉チーズとパン粉にだしの粉末を混ぜ合わせてまぶして使ったり、それだけでおいしくなるオススメ食材です。

だし＆ごま・七味・ゆずこしょうなど

ごまも最高の組み合わせです。すりごま、ねりごま、ごま油、どんな種類でもだしとよく合います。さらにアクセントになるのが、ゆずこしょう、生七味や辣油等の辛み調味料です。特に茅乃舎の生七味は辛いだけでなく旨味もあるのでちょっと加えるだけでだしの旨味にグッと深みが出ます。茅乃舎の辣油は具だくさんで深い味わいがクセになる美味しさです。

Part 3
袋を破ってあえるだけ
絶品だしご飯

だしパックを破って取り出しただしの粉末を、ご飯、パスタ、炒め物、何にでもパパッと振りかけてみてください。瞬時に美味しくなる、まさに"魔法のひと振り"。塩・こしょうよりも優しい塩味で、料理に深みが生まれる万能調味料なのです。どんなお料理にも使えて、味がバッチリ決まります。汁物にももちろん使え、だしをとらなくても器にだしの粉末を入れてお湯を注ぐだけで絶品スープができるので、料理中にだし汁がちょっと必要になったときにも便利なんて。小魚が骨まで丸ごと食べられるのも嬉しいですね。

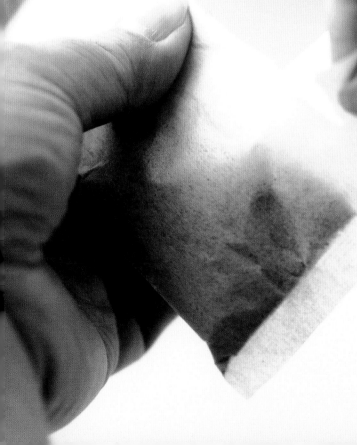

パセリたっぷりガーリックライス
Garlic rice

塩・こしょうの代わりにだしの粉末で味付け。
香りづけ程度の醬油で美味しく仕上がります。

生七味のだしペペロンチーノ
Dashi-flavored peperoncino

唐辛子の代わりに茅乃舎の生七味や梅七味を使って。
だしと合わせると旨味の中に辛みがある複雑な味わいに。
まさに、魔法の調味料です。

P78
パセリたっぷり
ガーリックライス

Garlic rice

● 材料（2人分）
ニンニク（みじん切り）…2かけ分
ご飯…2膳分
バター…10g
太白ごま油…大さじ1
パセリ（細かく刻んでおく）…たっぷり（1/2束〜）
茅乃舎だし…1/2袋（袋を破って取り出した粉末）
醤油…ひとまわし
塩・こしょう…各少々

● つくり方
1. フライパンに太白ごま油とバターを入れて、ニンニクを炒める
2. 1に刻んだパセリを入れて炒め、次にご飯を加えて炒める。さらにだし（粉末）をふりかけて炒め、軽く塩・こしょうをする
3. 醤油を香りづけ程度にまわしかけ、混ぜ合わせたら完成

パセリはたっぷり入れるのが美味。パセリとは思えないほど美味しい仕上がりに

P79
生七味のだしペペロンチーノ

Dashi-flavored peperoncino

● 材料（2人分）
ニンニク（みじん切り）…1かけ分
生七味…小さじ1〜お好みの量
茅乃舎だし…1袋（袋を破って取り出した粉末）
パスタ…200g
パスタのゆで汁…少々
オリーブオイル…大さじ1
大葉（せん切り）・刻みのり…各適量

● つくり方
1. 鍋に水を入れて火にかけ、沸いてきたら塩（分量外）を入れてパスタをゆでる
2. その間に、フライパンにオリーブオイルとニンニクを入れて火にかけ、中火で炒める
3. 2に生七味とゆで汁を入れてのばし、ゆであがったパスタを湯切りして入れ、全体に混ぜ合わせる
4. だし（粉末）を入れて、味付けする。
5. 皿に4を盛り、大葉・刻みのりをかける

P82
ふんわりキャベツ お好み焼き
Okonomiyaki Japanese pancake

●材料（2人分）
キャベツ（粗みじん切り）…小1/6個
長いも（すりおろし）…5cm分
小麦粉…80g
水…100cc
茅乃舎だし…小さじ1〜お好みの量
　（袋を破って取り出した粉末）
卵…M 2個
豚ばら肉（1/3にカットする）…2枚
天かす…少々
マヨネーズ・お好みのソース・青のり…各適量

●つくり方
1. 小麦粉にだし（粉末）、水を入れて、卵1個を入れてよくかき混ぜる。さらに長いも、キャベツ、天かすを加え混ぜる
2. フライパンに油（分量外）をひき、1を流し入れ、中心に残りの卵、豚ばら肉をのせ、表面がフツフツしてきたら裏返し、中火でしっかり焼く
3. 2を皿に盛り、マヨネーズやソース、青のりをかけて出来上がり

P83
さっぱりだし焼きそば
Light-flavored yakisoba

●材料（2人分）
豚こま肉（一口大にカット）…150g
焼きそば用麺…2袋
玉ねぎ（スライス）…大1/2個
キャベツ（せん切り）…5枚
ウインナー（薄切り）…3本
もやし…1/2袋
茅乃舎だし…小さじ2〜お好みの量
　（袋を破って取り出した粉末）
ウスターソース…大さじ3〜お好みの量
醤油…少々
青のり・紅しょうが…各適量

●つくり方
1. フライパンに油（分量外）をひき、豚肉、ウインナーを入れて炒める
2. 1に玉ねぎ、にんじんを加えて炒め、しんなりしてきたらもやし、キャベツを入れて炒める。さらに麺を加えて全体に炒め合わせたらだし（粉末）、ソース、醤油を入れて炒め混ぜる
3. 2を皿に盛り、青のり、紅しょうがをお好みで添える

ふんわりキャベツお好み焼き
Okonomiyaki Japanese pancake

だしを入れるだけでこんなに美味しくなるなんて！と
みんなが驚く絶品レシピ。

さっぱりだし焼きそば
Light-flavored yakisoba

だしの風味がベースとなって軽いのにコクのある味わい。

キャベツと干しえび、春雨の炒め物
Cabbage and dried shrimp stir fry

干しえびの旨味とだしの効果で
薄味なのにしっかりした味わいに。

鯛のだしじめ
Dashi-flavored sea bream

だしをまぶして数分置くだけで
普通のお刺身が料亭のような一品に。

P84

キャベツと干しえび、春雨の炒め物
Cabbage and dried shrimp stir fry

●材料（2人分）
キャベツ（せん切り）…1/4個分
干しえび…大さじ2
春雨（戻してカットしておく）…50g
ニンニク（スライスしたもの）…1かけ
酒…大さじ2
茅乃舎だし…1/2袋（袋を破って取り出した粉末）
塩・こしょう…各少々
太白ごま油または菜種油…大さじ1

●つくり方
1. フライパンにごま油、ニンニク、干しえびを入れて火にかけ、炒める
2. 1にキャベツを加えて炒め、続いて春雨を入れ、酒、だし（粉末）、塩・こしょうをふりかけて混ぜ合わせたら、火を止める
3. ふたをして2〜3分蒸したら出来上がり

P85

鯛のだしじめ
Dashi-flavored sea bream

●材料（2人分）
鯛などの白身魚（刺身用）…6枚
茅乃舎だし…1/2袋（袋を破って取り出した粉末）
貝割れ大根（根はカットしておく）…1/2パック
ぽん酢…少々

●つくり方
1. 白身魚の両面にだし（粉末）をふりかけて5〜6分置く
2. 1で貝割れ大根を巻く

ぽん酢を少しかけて食べると美味しい

P88
きゅうりとちくわの だしごま油炒め
Cucumber and chikuwa fish cake

● 材料（2人分）
ちくわ（5mm幅にスライス）…2本
きゅうり（乱切り）…1/2本
ごま油…適量
茅乃舎だし…適量（袋を破って取り出した粉末）
醤油…少々

● つくり方
1. フライパンにごま油をひき、ちくわを炒め、きゅうりを入れて、サッと炒め合わせる
2. 1にだし（粉末）をふりかけ、醤油をからめたら出来上がり

P89
ねぎトロポキ丼
Tuna and green onion bowl

● 材料（2人分）
まぐろのたたき（ねぎトロ用）…1パック
茅乃舎だし…1/2袋（袋を破って取り出した粉末）
こしょうまたはガーリックパウダー…少々
白ごま…適量
ごま油…少々
温泉卵…2個
味付けのり（細かくちぎる）…適量
大葉（せん切り）…4枚分
万能ねぎ（小口切り）…適量
ご飯…2膳分
醤油…ひとたらし

● つくり方
1. まぐろのたたきにだし（粉末）とこしょう（好みでガーリックパウダー）をふりかけて混ぜる。さらに万能ねぎを加え、軽く混ぜる
2. 器にご飯を盛り、大葉と味付けのりをのせ、1と温泉卵をのせる
3. 醤油をひとたらししていただく

醤油は九州産の甘口醤油を使うとまろやかな味わいに

ちくわとだしも相性ぴったり。
箸が止まらない炒め物。

きゅうりとちくわのだしごま油炒め
Cucumber and chikuwa fish cake

ねぎトロポキ丼
Tuna and green onion bowl

だしを加えて旨味を増したまぐろと
温泉卵が絶妙な組み合わせ。

だしとチーズの相性は抜群。
ピザソースがなくても
おいしいピザができちゃいます!

だし旨チーズピザ
Dashi-flavored cheese pizza

●材料(2人分)
市販のピザクラスト…1枚
ツナ缶…1/2缶
マヨネーズ…小さじ1
シュレッドチーズ…適量
茅乃舎だし…1/2袋(袋を破って取り出した粉末)
万能ねぎ(小口切り)…適量

●つくり方
1. ツナにマヨネーズを入れて混ぜ合わせる
2. ピザクラストに1をのせ、シュレッドチーズ
   をお好みの量、だし(粉末)をふりかける
3. オーブントースターで表面がこんがり焦げ
   目がつく程度焼く

仕上げに万能ねぎやしらすを散らすと美味しい

素材の旨みを引き出してくれる「だしドレ」。

だし香味ドレッシング
Dashi-flavored dressing

●材料
茅乃舎だし…1袋（袋を破って取り出した粉末）
大葉（みじん切り）…3枚分
しょうが（すりおろし）…1かけ
みょうが（みじん切り）…1個
オリーブオイル…大さじ1
醤油…少々
すし酢…大さじ2

●つくり方
1. すべての材料をドレッシングボトルかボウルに入れ、よく混ぜ合わせる（賞味期限は冷蔵庫で約1週間）

だし風味の甘辛醤油が
お揚げとよく合います。

揚げづけ
Seasoned deep fried tofu

●材料（2人分）
油揚げ（薄揚げ）…小2枚
A
　酒…大さじ2
　茅乃舎だし…小さじ1（袋を破って取り出した粉末）と熱湯50ccを合わせたもの
　醤油…大さじ1
　みりん…大さじ1

●つくり方
1. 油揚げをキッチンペーパーでおさえて油抜きする
2. Aをすべて鍋に入れ、サッと煮立たせたものに1を浸ける（数時間〜1日）
3. 2を軽くキッチンペーパーでおさえ、オーブントースターで軽く焼いて使う

揚げづけは大葉や小ねぎ、ごまなどとご飯に混ぜたり、そのまま大根おろしをかけて食べるのがおすすめ。ストックしておくと便利

だしの風味がきいて、さっぱりとした味わい。
ぽん酢といただくと絶品。

ニラたっぷりチヂミ

Korean pancake

● 材料（2人分）
ニラ（5cm 幅にカット）…1/2 わ
小麦粉…1/2 カップ
片栗粉…小さじ2
茅乃舎だし…小さじ2（袋を破って取り出した粉末）
水…150cc
卵…1個
ごま油…適量
ぽん酢・生七味…各適量

● つくり方
1. ボウルに小麦粉、片栗粉、だし、水、卵をボウルに入れ、だまにならないように混ぜる
2. 1にニラを入れて軽く混ぜる
3. フライパンにごま油をひき、2を入れる
4. 両面をこんがり焼く
5. 4をカットしてぽん酢と生七味を合わせたたれにつけていただく

かけ醬油、つけ醬油、香り醬油として
何にでも使える万能の香味醬油。

だし醬油
Dashi-flavored soy sauce

● 材料
茅乃舎だし…1袋（袋を破って取り出した粉末）
ニンニク（包丁の背でつぶす）…4個
しょうが（包丁の背でつぶす）…1かけ
大葉、ねぎ（青い部分）…お好みで
醬油…400cc

● つくり方
1. 醬油以外の材料をガーゼで包み、たこ糸でしっかり結ぶ
2. ふたのしまる瓶に1と醬油を入れて、1日以上置く。冷蔵庫で保存すれば賞味期限は1ヶ月

使いながら醬油を足していく。瓶に入れたニンニクやしょうがは取り出して料理に使ってもOK

絶品だしからあげ

Fried chicken

● 材料（2人分）
鶏もも肉（一口大にカット）…2枚
だし醤油…大さじ4
酒…大さじ2
片栗粉…適量
菜種油…適量

● つくり方
1. ビニール袋に鶏もも肉、だし醤油、酒を入れてよくもみ込む
2. 1に片栗粉を入れて、ビニール袋の口をしっかりとじて持ってふりながら、肉全体に片栗粉をまぶしつける
3. 鍋に菜種油を入れ火にかけ、170℃くらいになったら、2の余分な粉をはたいて、油に落として揚げていく。早めに油切り皿に上げて、余熱で5〜6分置くとカラッと、ジューシーに仕上がる

だし醤油の効果で
まろやかでコクのある味わいに。

めかじきのステーキ
Grilled swordfish

●材料（2人分）
めかじきの切り身（まぐろでも可）…2枚
バター…10g
だし醤油…大さじ1～お好みの量
わさび…適宜

●つくり方
1. フライパンを火にかけ、バターを入れ、溶けてきたらめかじきの切り身を入れて、強火で両面30秒ずつ焼く。
2. 1にだし醤油をフライパンの鍋肌からまわし入れて、焼きながらからませる
3. 2を皿に盛って、わさび・バターを添える

バターとだし醤油がきいて、奥行きのある味になります

豆腐のスパ結び風
Tofu sushi

● 材料 (2人分)
木綿豆腐
　（水切りして 1.5cm 厚にカット）…1/2 丁
片栗粉…適量
菜種油…大さじ 2
だし醤油・みりん…各大さじ 1
雑穀ご飯…適量
のり…1/2 枚

● つくり方
1. 木綿豆腐に片栗粉をまぶす
2. フライパンを熱して、菜種油をひき、1 を入れて表裏こんがり焼く
3. 2 にだし醤油とみりんを混ぜ合わせたものをまわしかけ、全体にからめる
4. 押しずしの型にご飯を詰めて、四角い形に型抜きし、取り出したらその上に 3 を置く。適当な大きさにカットしたら細く切ったのりを巻きつける

豆腐を照り焼き風にして、スパムに見立てて握ったヘルシーな一口おにぎり。

Part 4

だしをとった後も
捨てないで！
まだまだ美味しい
「だしがら」レシピ

だしをとった後のそのだしパック、捨てていませんか？　もったいない！　だしがら
だって、まだまだ旨味があって美味しいし、作るお料理によっては、逆にだしが
らのほうが塩分も程よくなってぴったりなんてこともあるのです。私はすっかりそ
の絶妙な味わいに魅了され、今ではだしがらがなくてはならないレシピもたくさ
んあります。その料理のためだけにわざわざだしをとって、だしがらをつくること
さえあるほどです。だしをとった後のだしがらは、袋から出して小さな保存容器
に入れて冷蔵庫に保管したり、から煎りして粉末にしておくとサッと使えて便利
です。

お弁当レシピ
かんたんだしご飯

だしをとった後のだしがらは袋を破ってスプーンなどでかきだします。調味料としてそのまま使えるので便利です。特にお弁当で大活躍。

ごまだし鶏そぼろ
Seasoned ground chiken

だし卵そぼろ
Scrambled egg

だしがらのほどよい塩分で
コク深い味わいに。

だし入りミートボール
Meat ball

トマトを加えることで
即席とは思えないほど
ジューシーで味わい深い
ソースに。

ゆずこしょうつくねの
れんこんはさみ
Meat ball and lotus root

ほのかに香るゆずこしょうの
風味が後味スッキリ。
おつまみにも好評の大人つくね。

P100
ごまだし鶏そぼろ
Seasoned ground chicken

●材料（2人分）
鶏ひき肉…200g
茅乃舎だしがら…1袋分
酒・みりん…各大さじ1
砂糖・醤油…各大さじ2
すりごま（白）…大さじ2

●つくり方
1. すりごま以外の材料をすべて鍋に入れて、箸などでよくかき混ぜてから中火にかける
2. 混ぜ合わせながら、水分が少し残る程度まで煮る
3. 仕上げにすりごまを加えて、混ぜ合わせたら出来上がり

P100
だし卵そぼろ
Scrambled egg

●材料（2人分）
卵…3個
砂糖…大さじ3
茅乃舎だしがら…小さじ1
塩…少々

●つくり方
1. 鍋に卵、すべての調味料を入れて、よく混ぜ合わせる。弱火よりやや強火にかけ、卵液を菜箸5〜6本でかき混ぜながら火を通す
2. とろみがつき、卵液が固まりかけてきたら火から外し、ぬれぶきんの上などにおいて手早くかき混ぜる。また弱火にかけ、混ぜながら炒る
3. 2を数回繰り返し、卵が固まってかたまりになってきたら、素早くかき混ぜ、細かく仕上げる

P101
だし入りミートボール
Meat ball

● 材料 (2人分)
あいびき肉…300g
玉ねぎ(みじん切り)…1/2個、パン粉…20g
茅乃舎だしがら…1袋分
水…50cc、トマト…小2個
ケチャップ…大さじ1
酒・みりん・塩・こしょう…各少々

● つくり方
1. あいびき肉、玉ねぎのみじん切り、パン粉、だしがらを混ぜ込み、小さいボール状にして菜種油（分量外）で揚げる
2. トマトを細かくカットして鍋に入れ、水、ケチャップ、酒、みりんを入れて火にかけて煮る。塩・こしょうで味付けし1を入れて全体にからめる

P101
ゆずこしょうつくねのれんこんはさみ
Meat ball and lotus root

● 材料 (2人分)
れんこん (5mm厚の輪切り)…小1本
鶏ひき肉…200g、ねぎ(みじん切り)…1/4本
しょうが(すりおろし)…少々
茅乃舎だしがら…小さじ1/2
酒…大さじ1、醤油…小さじ1/2
卵(溶いたもの)…大1/2個、ごま油…少々
片栗粉…大さじ1、ゆずこしょう…小さじ2〜適量

● つくり方
1. れんこんの皮をむいてカットし、水にさらす
2. 肉にねぎ、しょうが、だしがら、酒、醤油、卵を混ぜ合わせて練っておく
3. 1を水気を軽くふいて、片栗粉をまぶし、ゆずこしょうを片面にのばし2をのせ、もう一枚のれんこんではさむ
4. フライパンにごま油をひき、3を両面こんがり焼いて焦げ目がついたら、分量外の水（もしくはだし）50ccを注いでふたをして蒸し焼きする

103

ご飯のおともにだしがらをどうぞ

山椒じゃこ
Dried fish rice seasoning

● 材料
茅乃舎だしがら…1袋分
ちりめんじゃこ…100g
実山椒…15g
酒・醤油・みりん…各50cc
砂糖…大さじ1/2
くるみ(刻んでおく)…適量
ごま油…少々、いりごま(白)…適量

● つくり方
1. 鍋にごま油、ちりめんじゃこを入れて火にかけ軽く炒める
2. いりごま以外の残りの材料を入れて汁気がなくなるまで、中火で煮る
3. 仕上げにいりごまを混ぜ合わせて出来上がり

だしがらふりかけ
Dashi-flavored rice seasoning

● 材料
茅乃舎だしがら…3袋分
砂糖・醤油・みりん…各大さじ1
白ごま…適量

● つくり方
1. 鍋にだしがらを入れて火にかけ、から煎りする
2. 砂糖・醤油・みりんを加えて混ぜながら、水分を飛ばしていく
3. 仕上げに白ごまを加えて混ぜ合わせる

お弁当に、お夜食に、たくさんつくっておいてもあっという間になくなってしまう人気の常備菜です。これさえあればご飯がとにかく進みます！

かりかり梅ひじき
Japanese plum and hijiki seaweed

● 材料
長ひじき…大さじ2
かりかり梅…4個
茅乃舎だしがら…1袋分
市販のめんつゆ…大さじ1
酒…少々
みりん…大さじ1/2、白ごま…小さじ1

● つくり方
1. ひじきはボウルに水を張って、戻しておく
2. かりかり梅は種を取り、あらみじん切りにしておく
3. フライパンに水気を切った1、酒を入れ、軽くいり、めんつゆ、みりんを入れて水分を飛ばしながら煮る
4. 3に2、だしがら、白ごまを入れて全体に混ぜ合わせる

香味だし味噌焼きおにぎり
Miso-flavored grilled rice ball

● 材料
茅乃舎だしがら…3袋分
みょうが（みじん切り）…1個
しょうが（すりおろす）…1/2かけ
ねぎ（みじん切り）…1/4本
味噌…大さじ2、みりん…小さじ1
ゆずの絞り汁…少々
ニンニク（みじん切り）…お好みで
A ｜ おにぎり…小3個
　 ｜ 大葉…3枚

● つくり方
1. A以外の材料をボウルにすべて入れて混ぜ合わせる
2. おにぎりの両面をフライパンでこんがり焼く
3. 1をおにぎりの両面につけて、大葉を巻く

105

ピリ辛ツナご飯

Spicy tuna steamed rice

●材料

米…2合

水…360cc（鍋の場合も同量）

ツナ缶（軽く油を切っておく）…1缶

なめたけ…市販のもの1瓶

茅乃舎だしがら…1〜2袋

醤油・辛味噌（コチュジャン）…各大さじ1

●つくり方

1. 炊飯器（もしくは鍋）に水、醤油、辛味噌をよく混ぜたものと米を入れ残りの材料を入れて、通常のお米を炊く要領で炊き上げる

2. 炊き上がったら、よく混ぜ合わせて食べる。お好みでごまを加えても美味

調味料をたくさん入れなくても、
たっぷりのだしがらで美味しくなる！

梅七味だし茶漬け
Japanese plum and spice rice with dashi soup

●材料（2人分）
ご飯…1膳分
茅乃舎だしがら…1/2 袋分
大葉（せん切り）…2枚分
梅七味…小さじ1/2
お湯…適量
塩…少々

●つくり方
1. ご飯にだしがらを混ぜ合わせ、茶碗に盛る
2. 大葉と梅七味をご飯の中心にのせ、お湯をかける

味が薄いと感じるときは、塩少々で調味する

ご飯にだしがらを混ぜ合わせれば、
アツアツのお湯を注ぐだけで美味しいお茶漬けに。

だしがらを加えることで
少ない量のねりごまでも
香ばしいコクが生まれます。

鯛茶漬け
Sea bream rice with dashi soup

●材料（2人分）
鯛の刺身…10切れ
ねりごま（白）…大さじ3
すりごま（白）…大さじ1
茅乃舎だしがら…1/2袋分
醤油…大さじ1
みりん・酒…各小さじ1
ご飯…2膳分
茅乃舎だし（濃いだし）…400cc

●つくり方
1. 鯛の刺身にだしがらを1/2袋分、ふりかけておく
2. 鍋に醤油、みりん、酒を入れて火にかけサッと沸かす。粗熱をとったらボウルに入れ、ねりごま、すりごまを加え混ぜる。1を加え、軽くからめ、少し時間をおいて味をなじませる
3. 茶碗にご飯を盛り、2をのせ、沸かした濃いだしをかけて食べる

さんまのかば焼き
炊き込みご飯

Saury steamed rice

● 材料（2人分）

米…2合

水…360cc（鍋の場合は400cc）

さんまのかば焼きの缶詰…1缶

茅乃舎だしがら…1袋分

市販のめんつゆ…大さじ2

しょうが（せん切り）…1かけ分

粉山椒…適量

● つくり方

1. 炊飯器（または鍋）に米、水、だしがら、めんつゆを入れてかき混ぜ、さんまのかば焼き、しょうがをのせ、通常のお米を炊く要領で炊く

2. 炊き上がったら全体を軽く混ぜ、茶碗に1を盛り、粉山椒をかけて食べる

缶詰ご飯の決定版！食べるときは
山椒ひと振りを忘れずに。

だし効果で、塩・こしょうよりも
まろやかに仕上がります。

ウインナーとチンゲンサイのだし炒め

Stir-fired sausage and Chinese cabbage

● 材料（2人分）
ウインナー（斜め切り）…5本
チンゲンサイ（ざく切り）…2株分
茅乃舎だしがら…2袋分
酒…大さじ1
醤油…小さじ1

● つくり方
1. フライパンにサラダ油（分量外）をひき、ウインナーを炒める
2. 1にチンゲンサイを加え炒めたら、酒を加え、だしがらを入れて全体に混ぜ合わせる
3. 醤油をフライパンの鍋肌に入れて、さっとあおって出来上がり

バランスのとれた甘辛味で
ご飯が止まらなくなります！

まぐろの甘辛煮
Sweet and salty tuna

- ●材料（2人分）
- まぐろのあらまたはかつおのたたき（一口大にカット）…300g
- 酒…大さじ4
- 醤油・みりん…大さじ2
- 砂糖…大さじ1と1/2
- しょうが（せん切り）…小1/2かけ分
- 茅乃舎だしがら…1袋分

●つくり方
1. まぐろのあら（もしくはかつおのたたき）を沸騰させたお湯でさっとゆで、ざるにあげる
2. 1と残りの材料を鍋に入れて、水分を飛ばしながら煮たら出来上がり

和風卵こんがりトースト

Japanese toast and egg

- ●材料 (2人分)
  ゆで卵…大2個
  茅乃舎だしがら…1袋分
  マヨネーズ…大さじ2
  大葉 (せん切り) …2枚分
  米粉食パン…3枚

- ●つくり方
  1. ゆで卵のからをむいて、あらみじん切りにしてボウルに入れて、だしがら、マヨネーズ、大葉 (仕上げ用に少し残す) を加えて混ぜ合わせる
  2. オーブントースターで表面がこんがりする程度に焼いた食パンに1をのせ、仕上げの大葉を散らす

だし風味のきいた卵サラダは、米粉パンと相性抜群!

粉チーズとだしがらを混ぜたパン粉を
まぶせばソースいらずの揚げ物に。

やわらかチキンカツ
Tender chicken cutlet

●材料（2人分）
鶏もも肉…2枚
小麦粉…大さじ1
茅乃舎だしがら…1袋分
パン粉…1/2カップ
粉チーズ…大さじ3
卵（溶いたもの）…1個
菜種油…適量

●つくり方
1. 鶏もも肉に軽く塩・こしょう（分量外）をする
2. バットに卵、ふるった小麦粉を入れて混ぜ合わせる
3. バットに入れたパン粉を粉チーズ、だしがらと混ぜ合わせておく
4. 1を2に入れて全体にからめてから、3を全体にまぶす
5. 鍋に菜種油を注いであたため、170度ほどでじっくり揚げる。表面がこんがりしてきたら油切り皿に上げて、5分ほど置き、余熱を通す

薄めのだしで炊いた煮物もだしがらを
加えることでほどよい味わいに。

高野豆腐と三つ葉の卵とじ
Freeze-dried tofu omelette

- ●材料(2人分)
- 高野豆腐(お湯につけて戻しておく)…2枚
- 三つ葉(2cm程度にカット)…適量
- 卵…1個
- 茅乃舎だし(基本だし)…150cc
- A 酒・みりん…各大さじ1/2
  砂糖…大さじ1
  醤油…大さじ1/2
- 茅乃舎だしがら…1袋分
- 塩…少々

- ●つくり方
1. 鍋にだしとAとだしがら、塩を入れ煮立ったら中火にして、水気を絞って食べやすい大きさに切った高野豆腐を入れて10分ほど煮る
2. 1に溶き卵をまわし入れ、三つ葉を入れる強火にしてからすぐにふたをして、火を止めて10秒ほど置く

仕上げに、だしがらをまぶすだけで、
グッと味に深みが出ます

酸っぱ甘辛鶏手羽煮
Sweet and sour chicken wing

● 材料（2人分）
鶏手羽…10本
茅乃舎だしがら…1袋分
A｜酒…50cc
　｜醤油…30cc
　｜砂糖・みりん・酢…各大さじ3
ニンニク（スライス）…好みで1かけ
白ごま…適量

● つくり方
1. 鍋にだしがら（仕上げ用に少し残しておく）、A、ニンニクを入れて火にかける
2. その間に鶏手羽の表面をフライパンで軽く焼いておく
3. 1が煮立ってきたら2を入れ、汁気がなくなるまで煮からめる
4. 仕上げに残りのだしがらと白ごまをまぶして出来上がり

Part 5
野菜の風味はすべて「野菜だし」におまかせ！

野菜のみじん切りまで入っている濃厚な味わいの茅乃舎の「野菜だし」。だからこそ、煮出してスープに使うのはもちろんのこと、最初から袋を破って使い、野菜の旨味の力を借りて調理すると最大限の力を発揮してくれます。中でもおすすめは、野菜をたっぷり入れたような風味が折り重なった味わいが絶品のミートソース！そんな野菜だし活用レシピの一部をご紹介します。

材料が少なくても、野菜だしさえあれば
手軽にできる本格ミートソース

だし入りミートソース
Dashi-meat sauce

● 材料 (2人分)
あいびき肉…300g
玉ねぎ (みじん切り)…小1個
ニンニク (みじん切り)…1かけ
オリーブオイル…大さじ1/2
バター…5g
野菜だし…2袋 (袋を破って取り出した粉末)
トマトの水煮缶…1缶
塩・こしょう…各少々

● つくり方
1. フライパンにオリーブオイル、バター、ニンニクを入れて火にかけ、ニンニクの香りが立ってきたら、玉ねぎを入れて炒める。透き通るほどになったところで、あいびき肉を入れて炒める
2. 肉の色が変わったらトマトの水煮缶を汁ごと入れ、野菜だし (粉末) を加えて煮詰める
3. 塩・こしょうで味をととのえて出来上がり

鶏肉にだしをまぶして、オーブンで焼くだけ！
香味野菜がなくても、
野菜だしで深い味わいを楽しめます。

鶏のだしまぶしグリル

Grilled chicken

● 材料（2人分）
鶏手羽元…6本
野菜だし…1袋（袋を破って取り出した粉末）
オリーブオイル…適量

● つくり方
1. 鶏手羽元に野菜だし（粉末）をまぶしつけ、10分ほど置く
2. オーブンの天板に1をのせ、オリーブオイルをかけ、200度に予熱したオーブンで10分ほど焼く

ベジタブルパンケーキ

Vegetable Pancake

● 材料（2人分）
パンケーキミックス（食事用の甘くないもの）
…150g
野菜だし…180cc（水180ccに野菜だし1袋を入れ煮出したもの）

● つくり方
1. パンケーキの粉をボウルに入れて、野菜だし180ccを加えて混ぜ合わせる。このとき、野菜だしがらを混ぜても美味
2. 温めたフライパンに1を注ぎ、両面をこんがり焼いて完成

焼いた野菜やトマトソースを付け合わせにして食べると美味しい

**野菜の風味と
ほんのり塩味が絶妙です。**

Kayanoya's dashi recipe Top 15

"Dashi" stock has been gaining popularity even outside of Japan, along with the wider acknowledgement as the fifth basic taste Umami which is familiar to Japanese traditionally. We would like to introduce the best 15 of the best dashi stock recipes in English to you so that you can enjoy the taste of dashi yourself.

P15

Mom's curry

Ingredients (for 4 servings)
1 onion / 2 potatoes / 1 carrot / 200 grams chopped pork / 1/2 canned whole tomato / 1 pinch grinded ginger / 700 milliliters Kayanoya's dashi stock (2 Kayanoya's dashi stock bags and 700 milliliter water) / 6 pieces of Japanese curry roux / 1 tablespoon Worcester sauce / 1 clove garlic (if desired to add a flavor)

Directions
1. Stir-fry ginger, garlic, chopped onion and pork. Add chopped tomatoes, potatoes, carrots, and 700-milliliter dashi stock. Simmer it on medium heat until tender.
2. Turn off the heat. Add Japanese curry roux and Worcester sauce. Simmer again until thicker.

P17

Full-bodied braised beef and potatoes

Ingredients (for 2 servings)
200 grams pork back ribs / 2 potatoes / 1 onion / 1 small-size carrot / 4 shiitake mushrooms / 5 kidney pees / Pinch grinded white sesame seeds / 200 milliliters Kayanoya's basic dashi stock / 1 tablespoon sake / 2 tablespoons sugar / 2 1/2 tablespoons soy sauce / 1 tablespoon sesame oil / 200 milliliters Kayanoya's dashi stock

Directions
1. Pour sesame oil in a heated pot and brown pork back ribs.
2. Add chopped onions, brown them, and add chopped potatoes and carrots. Fry them all together.
3. Pour sake and stir. Add 200-milliliter basic dashi stock, sake, sugar, and soy sauce. Place a dashi stock bag instead of a lid over all the ingredients. Simmer until tender.
4. Drizzle soy sauce to add savor. Stir-fry for 2 minutes.

P23

Dashi-shabu-shabu

Ingredients (for 2 servings)
300 grams paper-thin-sliced pork / 1 pack spinach / 6 cloves garlic / 300 milliliters sake / 400 milliliters Kayanoya's basic dashi stock / Pinch Salt / Pinch grinded sesame seeds / Sesame seeds sauce / Ponzu sauce

Directions
1. Put 400-milliliter dashi stock, salt, sake, and garlic into a pot. Bring it to boil.
2. Submerge pork for a second. Boil spinach lightly. Serve it with a sauce of your choice (sesame seeds sauce and ponzu sauce are recommended). Add sesame seeds in either soup or sauce.

P25

Seasoned steamed rice

Ingredients (for 2 servings)
300 grams rice / 1 tablespoon usukuchi light soy sauce / 1 tablespoon sake / 360 milliliters Kayanoya's basic dashi stock / Pinch salt

Directions
Put rice, 400-milliliter dashi stock, salt, and soy sauce into a rice cooker. Add whitebait, dried young sardine, mushrooms such as enoki, and fried tofu, to add flavors if you like. Let the cooker have the rice ready to serve.

P28

Simmered alfonsino

Ingredients (for 2 servings)
2 pieces fish (marlin, cod, or flounder) / 200 milliliters Kayanoya's basic dashi stock / 2 tablespoons sake / 2 1/2 tablespoons sugar / 2 tablespoons soy sauce / 2 – 3 pieces sliced ginger / 1 Kayanoya's dashi stock bag

Directions
1. Pour 200-milliliter dashi stock, sake, sugar, and soy sauce into a pan. Add dressed fish. Directly place a dashi stock bag and a small lid over fish. Cook it over high heat.
2. Turn off the heat after 5 minutes. Leave it till cool enough to serve, and let the flavor macerate into the fish.

P45

Lemon-flavored potato salad

Ingredients (2 servings)
150 milliliters Kayanoya's basic dashi stock / Pinch salt / 2 big-size potatos / 2 slices fried and minced bacon / 2 chopped hard-boiled eggs / 4 tablespoon mayonnaise / 1 teaspoon lemon juice / Pinch black pepper

Directions
1. Heat the whole potatoes without being pealed for 4 minutes in a microwave.
2. Put dashi, salt, and potatoes cut in pieaces in a pan. Boil for a few minutes.
3. When potatoes became tender, smash lightly in the pan.
4. Add 2 eggs, bacon, mayonnaise, lemon juice and black pepper. Mix well.

P54

Braised potato and green pepper

Ingredients (2 servings)
2 shredded potatoes / 3 shredded green peppers / 1 tablespoon sesame oil / 50 milliliters Kayanoya's basic dashi stock /1 tablespoon soy sauce / 1 1/2 tablespoon sake / 1 1/2 tablespoon sugar / Butter can be an alternate of sesame oil.

Directions
1. Put sesame oil in a frying pan. Stir fry potato boiled with green pepper and dashi.
2. Add sake, dashi, and sugar. Fry and stir.
3. Add soy sauce and stir. And heat it till dried.

121

P55

Grilled daikon radish

Ingredients (2 servings)
4 pieces 2-centimeter daikon ring /2 cloves garlic /1 tablespoon soy sauce / 1/2 tablespoon sugar /1 tablespoon sesame oil /4 pieces macrophyll /1 Kayanoya's basic dashi stock

Directions
1. Put sesame oil into a frying pan. Fry garlic till browned. Put garlic aside on plate.
2. Put daikon boiled with Kanoy's basic dashi stock into the frying pan. Fry till browned.
3. Put soy sauce and sugar. Coast the surface of daikon with it.
4. Place macrophyll on a plate. Place 3 over the macrophyll. Then place garlic on the daikon.

P80

Garlic rice

Ingredients (2 servings)
2 cloves sliced garlic /2 bowls steamed white rice /10 grams butter /1 tablespoons sesame oil /Pinch chopped parsley (plenty would add flavor) / 1/2 bag Kayanoya's dashi stock (tear the bag and use only the dashi powder) / Pinch soy sauce / Pinch salt /Pinch pepper

Directions
1. Put sesame oil and butter into a frying pan. Brown garlic.
2. Add parsley and fry. Then, fry rice as well. Sprinkle dashi over it and fry. Add salt and pepper.
3. Put soy sauce to add a flavor.

P80

Dashi-flavored peperoncino

Ingredients (for 2 servings)
1 clove chopped garlic / 1/2 teaspoon red pepper ring / 1 bag Kayanoya's dashi stock (tear the bag and use only the dashi powder) / 200 gram pasta / A small amount of pasta water 1 tablespoon olive oil / Pinch shredded perilla / Pinch shredded laver

Directions
1. Bring water to a boil. Add a pinch of salt. Cook pasta.
2. While cooking pasta, fry garlic with olive oil over medium heat.
3. Add red pepper. Add pasta, and mix well.
4. Sprinkle dashi stock power onto pasta, and mix. Place pasta on a plate. Sprinkle perilla and laver.

P90

Dashi-flavored cheese pizza

Ingredients (2 servings)
1 pizza crust / 1/2 canned tuna fish / 1 teaspoon mayonnaise / Shreded cheese / 1/2 bag Kayanoya's dashi stock (tear the bag and use only the dashi powder)

Directions
1. Mix tuna fish and mayonnaise.
2. Place 1 and shred cheese. Sprinkle dashi over it. Brown it.

P102

Seasoned ground chicken

Ingredients (2 servings)
200 grams minced chicken / 1 bag Kayanoya's dashi stock (tear the bag and use the leavings from making stock) / 1 tablespoon sake / 1 tablespoon mirin / 2 tablespoons sugar / 2 tablespoons soy sauce / 2 tablespoons grinded sesame seeds

Directions
1. Put all the ingredients except sesame seeds. Stir well. Cook it over medium heat.
2. Simmer until the water is almost gone.
3. Add sesame seeds and stir.

P104

Dashi-flavored rice seasoning

Ingredients
3 bags Kayanoya's dashi stock (tear the bag and use the leavings from making stock) / 1 1/2 tablespoon sugar / 1 tablespoon soy sauce / 1 tablespoon water / Pinch white sesame seeds

Directions
1. Roast dashi stock power in a pan.
2. Add sugar, soy sauce, and water. Stir and let it dry.
3. Add white sesame seeds.

P105

Miso-flavored grilled rice ball

Ingredients
3 bags Kayanoya's dashi stock (tear bags and use the leavings from making stock) / 1 Japanese ginger (myoga) / 1/2 ginger / 1/4 green onion / 2 tablespoons miso / 1/2 teaspoon sugar / Pinch lemon juice / 1 clove garlic (if desired to add a flavor) / Steamed white rice

Directions
1. Mix all the ingredients in a mixing bowl to make a paste.
2. Make a rice ball.
3. Grill the surface of rice ball. Season the grilled rice ball with the paste.

P112

Japanese-toast and egg

Ingredients (2 servings)
2 big-size eggs / 1 bag Kayanoya's dashi stock (tear the bag and use the leavings from making stock) / 2 tablespoons mayonnaise / 2 pieces shredded perilla / 3 slices sandwich loaf

Directions
1. Put water and pinch of salt in a pan. Bring it to boil.
2. Put eggs. Cover the pan with a lid and boil eggs for 5 to 7 minutes. Leave eggs in cold water for 5 minutes.
3. Peal off eggshell. Cut eggs into fine pieces. Add dashi, mayonnaise, and perilla into egg. Mix well.
4. Place 3 over bread. Brown it in a oven toaster.

お料理をさらに美味しくしてくれる
「茅乃舎お気に入り調味料」

お料理をさらに美味しくしてくれるのが茅乃舎の調味料。数々の名品をご紹介します。

※ 商品価格・容量は 2015 年 2 月現在のものです。

つぶぽん酢

565g 入 ¥1,620、
230g 入 ¥756、
58g 入 ¥360（税込）
大根おろし、刻み昆布、かつお節削り粉、柚子とレモンの皮をすりおろしたものを加えた「食べる」つぶぽん酢。だしの旨味で酸っぱすぎない味わいが美味。

煎り酒

150 ml入 ¥540（税込）
煮切った日本酒に、梅酢とかつお・昆布だしを加えた、江戸時代から伝わる万能調味料。お肉も魚もさっとつけてから調理すると、臭みもなく柔らかく美味しく仕上がる。お刺身につけても美味しい。

黒塩胡椒

45g 入 ¥648（税込）
まろやかなうまみとコクが特徴の熊本県天草灘の海塩と粗挽き黒胡椒。胡椒の風味も豊かで、ひと振りで素材のもつ本来の美味しさを引き出してくれます。

白だし

200 ml入 ¥594（税込）
丸大豆醤油にかつおぶしや焼きあご、茅乃舎オリジナルの魚醤を加えた白だし。素材のうまみを引き出し、お料理が上品な色に仕上がります。

白胡麻ドレッシング

150 ml入 ¥648、
50 ml入 ¥360（税込）
食感の異なる練り胡麻とすり胡麻を贅沢に使い、福岡県産丸大豆醤油と純米酢を加えて豊かな味わいに仕上げられたもの。ごまの濃厚な味わいが絶品！

胡麻だれ

200 ml入 ¥756、
50 ml入 ¥360（税込）
香ばしい練り胡麻に、丸大豆醤油と純米酢を加えた、濃厚ながらもさらりとした口当たりの胡麻だれ。豚しゃぶや温野菜のつけだれはもちろん他の調味料と組み合わせてソースやつゆとしてもおすすめ。

二段熟成醤油（甘口）

300㎖入 ¥702（税込）

九州では定番の甘口醤油。これは原料も時間も二倍かかる"二段仕込み製法"でつくった醤油に本みりんのすっきりした甘みを加えたもの。コクがありながらまろやかな味わいがやみつきに。

和風だし塩

50g 入 ¥648（税込）

まろやかなうまみのある海塩に「茅乃舎だし」と同じ素材を加えた調味塩。ひと振りするだけで贅沢な味わいになり、塩コショウよりもまろやかな味わいで使い勝手抜群。スープ、お茶漬けにもよく合います。

久原本家 天然醸造醤油

1000㎖ ¥1,243、
500㎖ ¥746（税込）

国産の丸大豆・小麦を樽の中でじっくり発酵・熟成させた天然醸造醤油。少量でも深い香りと風味がたち、本みりんのすっきりした甘みがだしとよく合い、お料理の味がグッとアップします。

茅乃舎つゆ

500㎖入 ¥972、
200㎖入 ¥540、
50㎖入 ¥360（税込）

大人気の茅乃舎だしのおいしさを生かした自然な味わいの使いやすい濃縮タイプのつゆ。本みりんが加えられているので料理にいい照りが出るのも嬉しい。

五穀味噌

500g 入 ¥1,188（税込）

国産の米、裸麦、大豆を使った九州ならではの合わせ味噌に、あわときびをプラス。もっちりとした食感と味のバランスがよく、毎日の料理に欠かせない一品。

合わせ味噌

500g 入 ¥864（税込）

国産の米、裸麦、大豆を三ヶ月かけてじっくり熟成させた九州ならではの味噌。ほんのり甘くてやさしい滋味豊かな味わいは一度食べたらやめられない美味しさです。

高菜の油炒め

180g 入 ¥648（税込）
九州特産の高菜の古漬けを香ばしく炒め、唐辛子をピリッときかせてあと引く美味しさを楽しめます。お茶漬けのごはんに混ぜて食べると絶品。

海苔の佃煮

100g 入 ¥486（税込）
佐賀県有明海産の海苔を福岡県産丸大豆醤油でふっくらと炊き上げた海苔の佃煮。瓶のふたを開けた瞬間から、磯の香りがふわっと豊かに広がります。ご飯が止まらなくなる美味しさ。

海乃七草

30g 入 ¥756（税込）
昆布やわかめ、ふのり、めかぶなどぬめり成分が豊富な国産の海藻七種を独自の製法でミックスしたもの。味噌汁にうどん、雑炊のトッピングに便利。

十穀米

300g 入 ¥1,080（税込）
白米に足して普通に炊くだけで、もっちりコクのあるごはんに。押麦、黒米など、茅乃舎の料理長が厳選した十種類の国産雑穀を配合することで、理想的な味・食感・色合い・香りが実現されています。

胡麻ふりかけ（青柚子胡椒味）

80g 入　¥594（税込）
福岡産丸大豆を使った天然構造醤油を胡麻にからめて煎りあげたふりかけ。青柚子胡椒風味は醤油の香りに加えて、さわやかな辛みがアクセントとなり、ご飯のおともにぴったり。

芽ひじき

16g 入 ¥386（税込）

切り干し大根

13g 入 ¥324（税込）
どちらもやわらかく、戻しやすくて便利。芽ひじきには細切りにんじんと大豆が、切り干し大根には細切りにんじんと原木栽培椎茸がミックスされていて、このまま煮れば簡単な一品になります。

梅七味

80g 入 ¥1,080（税込）
ペースト状の南高梅に赤紫蘇と青紫蘇などを加え、マイルドな辛さが美味。梅の爽やかな風味で、梅七味とだし塩でつくったお茶漬けはおかずがなくてもサラサラ美味しく進むお気に入りのごはん。

生七味

80g 入 ¥1,296（税込）
国産唐辛子に山椒、柚子、胡麻などを練り合わせた香り高い生七味。何ともいえないコクのある旨味は薬味としてだけではなく、さまざまな料理に幅広く使えます。

辛味噌

110g 入 ¥648（税込）
自社栽培の唐辛子を種ごとすりつぶした唐辛子ペーストと九州産の柿ペーストをベースにコチュジャンと味噌をブレンドして、海塩、粗糖、白ごまなどで調味されたもの。辛み、甘み、旨味が絶妙なバランスで混ざり合った、味わい深い辛味噌。

辣油

70g 入 ¥864（税込）
辛みと具のぜいたくな味わいを堪能できる一品。国産唐辛子、白ねぎ、しょうが、白胡麻、山椒、ニンニク、玉ねぎ、真昆布を菜種油と黒胡麻油に加えた、「食べる」辣油。

かけ柚子胡椒

65g 入 ¥594（税込）
唐辛子と国産柚子を練り合わせた柚子胡椒を使いやすい液体タイプに仕上げたもの。スープやピザなど、ちょっと辛みが欲しい時にぱぱっと振ってもすぐに味がなじむので便利です。

青柚子胡椒・赤柚子胡椒

各80g 入 ¥864（税込）
青柚子胡椒は、国産青唐辛子と青いうちに収穫した柚子皮と海塩を練り合わせた爽やかな辛み。青柚子胡椒と比べて香りがおだやかな赤柚子胡椒は、真っ赤に熟した唐辛子と柚子で深みのある辛さが特徴です。

のせるだけで見栄えする器
HASAMI COLLECTION

400年という長い歴史を持つ波佐見焼は、長崎県でつくられている丈夫であたたかみのある素朴な焼き物。最近では昔ながらのこだわりに新しい感性がプラスされたものも多く見かけるようになりました。シンプルだから料理が引き立ち、何をのせても美味しさがぐっと全面に押し出されてくる、魔法のような器です。和洋問わずどんなスタイルにも溶け込み、日常からおもてなしまでさまざまなコーディネートが楽しくなる波佐見焼。みんなで囲む大皿料理も、家族のごはんも、深夜のひとりお茶漬けも、使うたびにほっと幸せな気分になれる器をご紹介します。

西海陶器
Saikai Toki

長く愛用できる美しいフォルムが最大の魅力

職人の勘と技で焼物をつくり続けてきた肥前地区の技術を活用し、現代的にアレンジした器を多く取り扱う。たくさんのシリーズの中でもおすすめは、他にはないクールなフォルムのessenceシリーズ。「暮らしの中で豊かさを感じられるものづくり」をテーマに、使い方のアレンジがきくサイズ違いで、入れ子でスタッキングできるボウルや、ドイリーを焼き付けたお皿やアルファベットの小皿など、毎日の食卓が楽しくなるものが多い。

長崎県東彼杵郡波佐見町折敷瀬郷2124
TEL 0956-85-5555
http://www.saikaitoki.co.jp/

堀江陶器
Horie Touki

特徴的な「白」とシンプルな中に遊び心のあるデザインがそろう

3人のインテリアスタイリストと雑貨プランナー、波佐見の堀江陶器を合わせて「こんなの欲しい」をカタチにした「エイチ・プラス」。深みのある白を基調とし、この色がお料理をぐっと引き立ててくれる。毎日使えて飽きず、スタッキングしたときに美しく場所をとらない収納まで考えられているデザインが使いやすい。ふたがお皿になる陶器のお重や重ねてかわいい花形のフラット皿、組み合わせられる長皿と小皿などどれもシンプルかつ存在感のある器でアレンジが楽しい。

長崎県東彼杵郡波佐見町中尾郷 668
TEL 0956-85-7316
http://horie-tk.jp/hplus

一真窯
Issin gama

好きな組み合わせで
何通りも楽しめる
アレンジ自在な白磁

「器づくりから心器づくり」をコンセプトに心の器（感動）を伝えたいという思いが詰まった波佐見焼ブランド。角皿、丸皿などのサイズバリエーションも多く、シンプルな白にすべて違う繊細な模様とフォルムが合わさった器はさまざまな料理に合わせて、何通りもの盛りつけを楽しめる。

長崎県東彼杵郡波佐見町中尾郷 670
TEL 0956-85-5305
http://akepo.web.fc2.com/issin/

マルヒロ
Maruhito

大人のカラフル
おしゃれで
実用的なシリーズ

実用的ながら遊び心がある。ハサミのロゴマークが特徴の「HASAMI」。大人の色合いながらおもちゃのブロックのように色を組み合わせて楽しめ、スタッキングでき、かつおしゃれ。使い勝手よくフレンドリーなデザインをコンセプトにした「ものはら」はジャンルを超えたデザインがユニーク。「くらわんか時代」をテーマにしたコレクションは当時の風合いを再現したもの。サイズ違いで入れ子で収納でき、ふたはお皿としても使える。(P.57) 価格帯もリーズナブル。

長崎県東彼杵郡波佐見町井石郷 255
TEL 0955-42-2777
http://www.hasamiyaki.jp/maruhiro/

石丸陶芸
Ishimaru Tougei

スタイリッシュに
食卓を彩る
テーブルウェア

波佐見焼を中心に有田焼、伊万里焼などテーブルウェアが多くそろう。ナチュラルだけれど味わい深い器、陶製の保存容器、クリアポットなどスタイリッシュなデザインでTPOに応じた使い分けを楽しめる。中でも、Hasami Pottery Style 利左エ門窯 民芸とちりシリーズの小河原焼の風貌を持つ器は、盛りつけテクニック不要でどんな料理も素敵に見せてくれる。

長崎県東彼杵郡波佐見町 1138-1
TEL 0956-85-6611
http://i-togei.net/

伊都安蔵里
itoaguri

旬にしか味わえない、セレクト野菜の美味しさを堪能

昭和初期の古建築「旧福寿醤油」をリノベーションし、オーガニックフードが味わえるカフェと新鮮な旬野菜・お米・加工品などの直売所を併設した伊都安蔵里。伊都安蔵里では、栽培期間中農薬不使用野菜、減農薬、自然農法、炭素循環農法野菜をつくる農家のみなさんのおすそわけ野菜を、「旬の安蔵里野菜」として選荷。「気にかけて、声をかけて、手でさわって」大切に育てられているため、野菜本来の旨味が美味。形や大きさのふぞろいや虫食いは、安心安全な自然栽培にこだわり、旬野菜のみのセレクトだからこそ。「野菜の定期宅配」もあり、月1回・2回と週1回から選べる。

福岡県糸島市川付882
TEL 092-322-2222
http://itoaguri.jp/

Afterword

おわりに

　美味しい「茅乃舎だし」を毎日のごはんに使いこなしたい。お味噌汁のほかにも手軽に使えるレシピを知りたい…。そんな声をよく耳にするようになってきました。簡単にだれでも美味しく使える「茅乃舎だし」をもっと多くの方に知ってほしい！一番の愛用者を自負する私はそんな想いで本書をつくりました。どれも私が毎日繰り返し作っている、簡単シンプルごはんですが、シンプルだからこそ「だし」の美味しさ、底力を再確認していただけるものばかりです。

　食器も、お料理をのせるたびに幸せな気分を味わえ、さらっと盛りつけただけで絵になる大好きな波佐見焼にこだわってコーディネートしました。洗練されているのに、押しつけがましくなく、毎日飽きずに使える。アレンジ次第でお料理の持ついろいろな顔を演出してくれる…それが波佐見の魅力です。この器が同じ九州出身である、「茅乃舎だし」と出会ったとき、想像以上の新しいスタイルに仕上がりました。お料理をより豊かに美しく彩ってくれる器もぜひ楽しんでいただけたら幸いです。

　出版にあたり、何年もの間あたためていた企画を快く受け入れていただき、お力添えをいただきました久原本家の菅原様、菰田様、齊藤様、誠にありがとうございました。また、お料理一つ一つの味や香りが伝わってくるような写真を撮ってくださったカメラマンの名取さん、他にはないスタイルを追求しデザインしてくださった在原さん、出版元のディスカヴァー干場社長、石橋さん、ありがとうございました。

　そして、この本を手に取ってくださったあなたに…。

　お料理が好きな方には、ご自身なりのアレンジで作りかえて、「だし」をフル活用していただけるきっかけにしていただけたら幸いです。また、お料理初心者の方でも手軽なレシピばかりですので、「食べたい！」と思ったものからぜひつくってみてください。だしの美味しさのとりこになってお料理自体が楽しくなること請け合いです。

　多くの皆さまのおうちごはんが「茅乃舎だし」によって、どこのレストランよりも美味しいごちそうになることを祈っています。

八代恵美子

フードエディター、フードコーディネーター。
株式会社atrio代表取締役。
数多くの女性誌や実用書、書籍における食の分野で、長年編集者として活躍。
2004年、培ってきた経験を生かし、主婦の目線、動向、ライフスタイルをベースにした人気生活情報誌、月刊「Mart」(光文社)創刊スタッフとして携わり、数々のブーム作りに貢献。現在に至る。その傍らフードコーディネーターとして誌面、料理ムックにてレシピ・コーディネートを提案。「Mart ホームベーカリー BOOK」1～3、「Mart ハワイフード BOOK」(光文社)など多数手がける。雑誌のみならず、食品メーカー・カフェや飲食店を中心にコンサルティング、商品開発やレシピ、メニュー提案、テーブルコーディネートもこなす。自らの経験を生かして、日々作りためた忙しくても簡単に美味しくできるレシピやアイディアが好評。

八代恵美子
Yashiro Emiko

オンラインサロン「八代恵美子のLifestyle Lab」主宰
http://synapse.am/contents/monthly/atrio
Twitter アカウント @atrio_emy　アメブロ EMY a table　http://ameblo.jp/emyatable/

使用食器一覧

西海陶器

P10［マグ（水色）・マグ（ピンク小）・マグ（ピンク大）］、P15［器（大・小）］、P20［皿・小皿］、P21［皿・スプーン］、P29［お椀］、P32［皿］、P37［スプーン］、P42［器・トング］、P43［皿］、P46［器］、P58［器・小皿］、P63［小鉢］、P64［お椀（無地）］、P65［皿］、P70［皿］、P78［皿・マグ］、P89［器・箸置き］、P94［皿（大・小）］、P104［ふた付き小鉢（太ストライプ）・小皿］、P107［お椀］、P113［皿］、P115［皿］

堀江陶器

P14［皿］、P16［器］、P23［小皿］、P25［長皿・小皿］、P28［皿］、P36［皿］、P42［皿］、P47［器（大・中・小）］、P50［小皿］、P53［小鉢］、P62［スプーン］、P69［器］、P71［小鉢］、P83［皿］、P90［皿］、P93［器］、P95［皿］、P96［重箱］、P111［器・小皿］、P114［皿］、P117［皿］、118［器］

一真窯

P27［長皿］、P33［皿・お椀］、P34［皿］、P37［皿］、P48［皿・マグ］、P56［皿］、P63［長皿］、P84［器］、P85［皿］、108［お椀・小皿］、P110［皿］

マルヒロ

P11［マグ（水色）］、P31［皿］、P35［器・箸置き］、P57［皿］、P62［皿（青）］、P68［器］、P73［マグ］、P79［皿］、P82［皿］

石丸陶芸

P28［小瓶］、P52［器］、P59［皿］、P64［お椀（柄）］、P85［醤油差し］、P88［器・皿］、P105［小鉢（細ストライプ）・お椀］

撮影協力

iwaki（AGCテクノグラス）（保存容器）
TEL 03-5627-3870　http://www.igc.co.jp

マークスインターナショナル（WECK）
TEL 03-6861-4511　http://www.marcs.co.jp

ストウブ（ツヴィリング J.A.ヘンケルス ジャパン）
TEL 0120-75-7155　http://www.staub.jp/

ザッカワークス（エプロン）
TEL 03-3295-8787　http://www.zakkaworks.com/

ビタクラフトジャパン（鍋）
TEL 078-334-6691　http://www.vitacraft.co.jp/

アンシャンテ・ジャポン（南部鉄器）
TEL 03-5615-8099　http://www.enchan-the-jp.com

長谷園（土鍋）
TEL：0120-529-500　http://www.igamono.co.jp/

かまわぬ代官山店（てぬぐい）
TEL:03-3780-0182　http://www.kamawanu.co.jp

創業明治二十六年 久原本家

茅乃舎

茅乃舎だし・調味料はこちらで入手できます。

www.k-shop.co.jp

Shop List　※店舗情報は2015年2月現在のものです。

① 久原本家 総本店
〒811-2501 福岡県糟屋郡久山町大字久原2527　電話092-976-3408(直通)

② 茅乃舎 福岡天神岩田屋店
〒810-8680 福岡県福岡市中央区天神2-5-35 福岡天神岩田屋本店本館 B1F　電話092-721-1111(代)

③ 茅乃舎 博多駅デイトス店
〒810-0012　福岡県福岡市博多区博多駅中央街1-1 JR博多駅デイトスみやげもん市場内　電話092-412-8208(直通)

④ 茅乃舎 博多リバレイン店
〒812-0027　福岡県福岡市博多区下川端町3-1 博多リバレイン 1F　電話092-263-8856(直通)

⑤ 茅乃舎 東京ミッドタウン店
〒107-6290 東京都港区赤坂9-7-4 東京ミッドタウンガレリア B1F　電話03-3479-0880(直通)

⑥ 茅乃舎 日本橋店
〒103-0022 東京都中央区日本橋室町1-5-5 コレド室町3 1F　電話03-6262-3170(直通)

⑦ 茅乃舎 玉川高島屋S・C店
〒158-0094 東京都世田谷区玉川3-17-1 玉川高島屋S・C本館 B1F　電話03-6447-9506(直通)

⑧ 茅乃舎 横浜ベイクォーター店
〒221-0056 神奈川県横浜市神奈川区金港町1-10 横浜ベイクォーター 3F　電話045-453-0660(直通)

⑨ 茅乃舎 髙島屋横浜店
〒220-8601 神奈川県横浜市西区南幸1-6-31 髙島屋横浜店 B1F　電話045-311-5111(代)

⑩ 茅乃舎 大丸札幌店
〒060-0005 北海道札幌市中央区北5条西4-7 大丸札幌店 B1F　電話011-828-1111(代)

⑪ 茅乃舎 グランフロント大阪店
〒530-0011 大阪府大阪市北区大深4-1 グランフロント大阪 B1F うめきたセラー　電話06-6485-7466(直通)

⑫ 茅乃舎 大丸神戸店
〒650-0037 兵庫県神戸市中央区明石町40 大丸神戸店 B1F　電話078-331-8121(代)

⑬ 茅乃舎 大丸京都店
〒600-8511 京都府京都市下京区四条通高倉西入立売西町79 大丸京都店 B1F　電話075-211-8111(代)

⑭ 茅乃舎 松坂屋名古屋店
〒460-8430 愛知県名古屋市中区栄3-16-1 松坂屋名古屋店本館 B1F　電話052-251-1111(代)

福岡空港 第1ターミナル岩田屋売店

福岡空港 第2ターミナル岩田屋売店

北九州空港 2F井筒屋売店

羽田空港国内線 第2ターミナル 2F SMILE TOKYO内

羽田空港 国際線旅客ターミナルビル 4F 江戸小路Edo食賓館

成田国際空港 第1ターミナル4F 東京食賓館おもたせ処

茅乃舎だしで毎日ごちそう

発行日　2015年2月25日　第1刷
　　　　2015年4月10日　第3刷

Author & Food Stylist　八代恵美子
Assistant　株式会社 atrio（横田彩美　長田藍子）
Supervisor　久原本家 茅乃舎
Designer　在原祥夫（Tone）
Photographer　名取和久
Translator　Fumi Suzuki

Publication　株式会社ディスカヴァー・トゥエンティワン
　　　　〒102-0093　東京都千代田区平河町2-16-1 平河町森タワー11F
　　　　TEL　03-3237-8321（代表）
　　　　FAX　03-3237-8323
　　　　http://www.d21.co.jp
Publisher　干場弓子
Editor　石橋和佳（編集協力：八代恵美子）

Marketing Group
Staff　　　　　小田孝文　中澤泰宏　片平美恵子　吉澤道子　井筒浩　小関勝則　千葉潤子　飯田智樹
　　　　　　　佐藤昌幸　谷口奈緒美　山中麻吏　西川なつか　古矢薫　伊藤利文　米山健一　原大士　郭迪
　　　　　　　松原史与志　蛯原昇　中山大祐　林拓馬　安永智洋　鍋田匠伴　榊原僚　佐竹祐哉　塔下太朗
　　　　　　　廣内悠理　安達情未　伊東佑真　梅本翔太　奥田千晶　田中姫菜　橋本莉奈
Assistant Staff　俵敬子　町田加奈子　丸山香織　小林里美　井澤徳子　橋詰悠子　藤井多穂子　藤井かおり
　　　　　　　葛目美枝子　竹内恵子　熊谷芳美　清水有基栄　小松里絵　川井栄子　伊藤由美　伊藤香
　　　　　　　阿部薫　松田惟吹

Operation Group
Staff　　　　　松尾幸政　田中亜紀　中村郁子　福永友紀　山﨑あゆみ　杉田彰子

Productive Group
Staff　　　　　藤田浩芳　千葉正幸　原典宏　林秀樹　石塚理恵子　三谷祐一　大山聡子　大竹朝子
　　　　　　　堀部直人　井上慎平　松石悠　木下智尋　伍佳妮　張俊崴

Proofreader　渡邉さゆり
DTP　　　　　アーティザンカンパニー株式会社
Printing　　　株式会社シナノ

・定価はカバーに表示してあります。本書の無断転載・複写は、著作権法上での例外を除き禁じられています。
インターネット、モバイル等の電子メディアにおける無断転載ならびに第三者によるスキャンやデジタル化もこれに準じます。
・乱丁・落丁本はお取り替えいたしますので、小社「不良品交換係」まで着払いにてお送りください。

ISBN978-4-7993-1610-8　©Emiko Yashiro 2015, Printed in Japan.